FRANZ-PETER HUDEK

EXTRA-TOUREN
ALPEN

Franz-Peter Hudek

auto motor und sport

Extra

Touren

Alpen

Auto-Touren für Genießer

Motorbuch Verlag

IMPRESSUM

Einbandgestaltung: Andreas Pflaum
Karten: auto motor und sport
Übersichtskarte Seiten 6–7: Bernhard Spachmüller, Ingenieurbüro für
Kartographie
Fotos: Archiv auto motor und sport

ISBN 3-613-01984-1

Copyright © by Motorbuch Verlag, Postfach 103743, 70032 Stuttgart.
Ein Unternehmen der Paul Pietsch Verlage GmbH + Co.

1. Auflage 1999

Lektorat: Joachim Kuch
Innengestaltung: Katharina Jüssen
Druck: Henkel Druck, 70435 Stuttgart
Bindung: Nething, 73235 Weilheim/Teck
Printed in Germany

INHALT

Reisen nach Lust und Laune:
Zehn Autotouren durch die Alpen

Autofahren. Zur Arbeit, zum Einkauf, zur Schule, in das Kino und in den Urlaub. Wege und Routen sind nahezu unbegrenzt, doch oft reine Pflichtübung, weil der Alltag die Ziele vorgibt.

Nicht so bei der Urlaubs-Reise. Hier kann der Fahrer frei bestimmen, wann es wohin gehen soll. Diese zeitlich begrenzte, aber umso intensiver empfundene Freiheit macht die Autoreise zum eindrücklichen Erlebnis, zum reinen Vergnügen. Daher ist das Auto nach wie vor das Urlaubs-Transportmittel Nummer eins, sei es der Mietwagen in Florida oder der eigene Wagen an der Nordsee.

Die Reihe Extra-Touren stellt einige jener Routen in den Alpen vor, auf denen das staufreie und lustbetonte Autofahren noch möglich ist. Das

Buch enthält zehn Reportagen mit über 100 Fotos aus attraktiven Regionen zwischen Genf und Graz. Zehn Reisen, die mit reizvollen Fahrzeugen vom Porsche 356 bis zum Oldtimer-Traktor unternommen wurden und damit das Lesevergnügen verdoppeln. Zu jeder Tour gibt es eine Karte, Tips zu gemütlichen Hotels und empfehlenswerten Restaurants sowie eine Kurzbeschreibung des Reisefahrzeugs. Ladies and Gentlemen, start your engines.

Kinderfreundliche
Schweiz im Globimobil

Mit Kindern in die Schweiz, nur Berge und Kühe, kann das gutgehen? Franz-Peter Hudek machte den Härtetest und besuchte im Globimobil – einer Schweizer Extra-Ausgabe der Mercedes A-Klasse – zwei kinderfreundliche Regionen.

Das Globimobil, eine Mercedes A-Klasse mit Spezial-
Lackierung, fällt unterwegs auf wie eine bunte Kuh.

Fotos: Beate Jeske

Napoleon machte einen Fehler. Als der spätere Kaiser von Frankreich am 23. November 1797 mit großem Gefolge in Solothurn eintraf, hatte das Hotel Krone für ihn ein üppiges Festbankett vorbereitet. Doch der schnelle Korse begnügte sich mit einem Glas Wasser, das man ihm sogar in die Kutsche reichen mußte. Noch heute ziert die unbezahlte Rechnung in Höhe von

Nächtliche Ankunft am Hotel Krone in Solothurns barocker Altstadt.

Französische Lebensart in der Schweiz: Ein elegantes
Confisserie-Café lädt zum Verweilen ein.

Die Krone vor der St. Ursen-Kathedrale bürgt seit mehr als 250 Jahren für gediegene Gastlichkeit.

1400 Louis d'Or das Foyer des palastartigen Hotel de la Couronne im Herzen Solothurns. Und: Napoleon hat einiges verpaßt.

Ankunft am Abend mit müden Kindern vor dem Basler Tor in Solothurn. »Aufwachen, wir sind da«, lautet der Hinweis an die dreiköpfige Kinderschar, deren Tiere und Krimskrams-Rucksäcke im Auto beinahe mehr Platz beanspruchen als die bescheidene Reisetasche der Erwachsenen.

»Mann, das sieht ja hier stark aus«, sagt der zehnjährige Philipp, »ist das eine Ritterburg?« Tatsächlich wirkt das beleuchtete, aus weißen Steinen errichtete und von zwei gedrungenen Türmen flankierte Basler Tor wie eine Filmkulisse, ist aber ein solider Festungsbau aus dem 16. Jahrhundert. Ebenso erfreulich: Hotelgäste dürfen hindurch und in die Altstadt fahren.

Die Reifen des Globimobils prasseln über das bucklige

Pflaster, links erhebt sich die Freitreppe der weißen St.-Ursen-Kathedrale. Die buntbemalte Mercedes A-Klasse parkt vor den Markisen des über 200 Jahren alten, von Napoleon verschmähten Hotels Krone.

Die sechsjährige Patricia hat schon ihren Lieblingsplatz im hoch gelegenen Hotelzimmer gefunden: Sie sitzt mit ihrer Freundin Franziska in einer der Fensternischen und schaut durch das offene Fenster über Blumenkasten und

Im Naturmuseum von Solothurn haben Kinder freien Eintritt und dürfen dem T-Rex in sein Maul fassen.

Eisengitter hinüber zur beleuchteten Freitreppe der Kathedrale. Zwei große Brunnen plätschern leise, junge Leute sitzen auf den Stufen, lachen und genießen den lauen Freitagabend.

Die Reise mit Kindern durch die Schweiz beginnt in der nahezu autofreien Familien-

Auch am Abend können auf Solothurns autofreien Straßen und Gassen Familien ungestört bummeln gehen.

stadt Solothurn vielversprechend. Am Morgen belebt ein Obst- und Gemüsemarkt die Hauptgasse mit ihrern Häusern im Berner Stil, deren

schwere, steile Dachaufbauten weit in die Straße hineinragen.

Das Alte Zeughaus mit seiner Waffensammlung aus zehn Jahrhunderten ist die erste Station der Stadttour. Riesige Kanonen im Erdgeschoß und das stumme Geisterheer der 400 Rüstungen entfachen bei den Kindern Begeisterung und Schauder. Die drei jungen Entdecker umringen eine Vitrine mit menschlichen Totenschädeln, die Schlitze oder Löcher aufweisen. Philipp liest die mit Schweizer Gründlichkeit recherchierten Hinweise vor, zum Beispiel: »Söldner aus Süddeutschland. Stichverletzung wahrscheinlich von Luzernerhämmern«.

Und was bietet Solothurn neugierigen Kindern noch? Ein Naturmuseum zum Anfassen und Experimentieren, Bootsausflüge auf der Aare und eine supermodern eingerichtete Jugendherberge im Techno-Look aus Eisen und Beton, in der DJ Bobo einen Videoclip drehen könnte.

15

SCHWEIZ

Bereits seit 1935 erfreuen sich
Schweizer Kinder an der
beliebten Comicfigur Globi.

Genauso schrill ist die Optik
des Globimobils, das der
Schweizer Comicfigur Globi
gewidmet ist und dessen Farb-
schema trägt. Die Kinder
mögen den papageienbunten,
von Passanten bestaunten
Mercedes-Van. »Den sehe ich
sofort, wenn er irgendwo
geparkt ist«, sagt Franziska.
Und Philipp gefällt es, daß
man hinten so hoch sitzt, »fast
noch höher wie vorne die
Erwachsenen«. Die etwa ein-
stündige Autobahnfahrt von
Solothurn in das Berner Oberland ist daher ein Kinderspiel.

Das Städtchen Brienz am
Brienzer See glänzt mit einer
weiteren Kinder-Attraktion:
Die Rothornbahn ist die einzige ständig mit Dampf

betriebene Zahnradstrecke Europas und beeindruckt durch ihre Loks mit schräggestelltem, dem Bergprofil angepaßten Dampfkessel und Aufbauten. Die jungen Alpen-Touristen wählen jedoch eine Mini-Kreuzfahrt auf dem buntbemalten Motorschiff »Jungfrau« zum Grandhotel

In Brienz legt das Motorschiff »Jungfrau« zu einer kurzen Kreuzfahrt auf dem Brienzer See ab.

Die Brienzer Rothornbahn fährt regelmäßig und nahezu ausschließlich mit Dampflokomotiven.

Giessbach. Die Passage dauert keine 15 Minuten und ist damit kindgerecht kurzweilig.

Majestätisch gleitet das Schiff über den spiegelglatten See hinüber zum steilen, dicht bewaldeten Ufer. Ein weißer Wasserfall rauscht durch das dunkle Grün der Tannen, links davon steht in riskanter Höhe über dem Ufer ein gelber Jugendstil-Palast mit roten Fensterläden und spitzen Türmchen, das 1874 fertiggestellte Grandhotel Giessbach.

Was früher nur reichen Gästen aus Paris, London und Berlin vorbehalten war, ist heute ein Vergnügen für jedermann: die Fahrt im knarzenden und polternden Waggon der Standseilbahn von der

Schiffslände hinauf zu Hotel und Wasserfall. Dort wartet auch schon das von der Mutter auf dem Landweg zum Hotel gebrachte Globimobil, das seine Fahrgäste in die Sherlock Holmes-Stadt Meiringen bringt.

Sherlock Holmes' Schöpfer Sir Conan Doyle war wie viele seiner englischen Landsleute häufiger Gast in Meiringen und Kenner der Bergregion. Seine »Abenteuer des Sherlock Holmes« erschienen von 1891 bis 1892 in »The Strand Magazine«, bis Doyle den Detektiv aus Schreib-Überdruß in den bei Meiringen talwärts tosenden Reichenbach-Wasserfall stürzen ließ. Damit setzte jedoch ein Entrüstungssturm der Leser ein. Holmes überlebte auf wundersame Weise den Absturz, um in »Die Rückkehr von Sherlock Holmes« erneut auf Verbrecherjagd zu gehen.

Im kleinen, unterirdischen Museum bildet Sherlock Holmes' unaufgeräumtes, plü-

Der Giessbach-Wasserfall gab dem nahegelegenen Nobelhotel seinen Namen.

In Meiringen erholt sich ein ermatteter Radfahrer unter dem wachsamen Blick von Sherlock Holmes.

19

Das Globimobil als Gipfelstürmer: unterwegs zum romantischen Berghotel Rosenlaui.

schiges Londoner Wohnzimmer von 1895 das Herzstück der Ausstellung. Jeder Gegenstand und jedes Möbelstück erhält durch die Detektivgeschichten seine Bedeutung, zum Beispiel: »Auf der rechten Seite des Kamins hängt die persische Pantoffel, in welcher Holmes seinen Tabak aufbewahrte«, sagt die Tonbandstimme im Museum.

Ebenfalls ein Prunkstück aus der Jahrhundertwende, das keine Glaswand vor dem wilden Wissensdurst der Kinder schützt, ist das 1328 Meter hoch gelegene Berghotel Rosenlaui. Grüne Fensterläden, zierliche Balkone mit Eisenbrüstung und zwei Ecktürmchen bilden einen reizvollen Kontrast zur schroffen, unwirtlichen Bergumgebung.

Und während die Eltern voller Ergriffenheit die am Abend rosa beleuchteten Bergspitzen der Engelhörner bestaunen, widmen sich die jungen Gäste einem habhafteren Vergnügen. Rasch wurde Freundschaft mit den Wirts-

Der große Freund:
Mercedes A-Klasse
Auch ohne die auffällige Lackierung des Globimobils erobert die A-Klasse von Mercedes Kinderherzen im Sturm. Einmal liegt es an der originellen, kompakten Van-Karosserie, welche das Auto so sympathisch anders erscheinen läßt, zum anderen an der hohen Sitzposition im Fond: So behalten auch Kinder den Überblick. Bereits mit der Einstiegs-Motorisierung des 82 PS starken A140 ist der Familien-Minibus flott unterwegs: Beschleunigung von Null auf 100 km/h in 13 Sekunden, Höchstgeschwindigkeit 170 km/h. Der Mercedes A140 kostet ab 31 320 Mark.

kindern der Familie Kehrli geschlossen, deren Fuhrpark sich hervorragend für ein Bergrennen eignet. Mit Fahrrädern, Roller und Traktor fahren die Kinder auf der einsamen Bergstraße vor dem Hotel um die Wette. Auch das ist Alpenglühen.

Franz-Peter Hudek　　21

**Wo auch Globi gerne
Urlaub macht:
Reisetips für die Schweiz**

Alle aufgeführten **Hotels** bieten mehr als Bett und Frühstück, nämlich ein hübsches, meist traditionsreiches Ambiente und einen kinderfreundlichen Service. In Solothurn: Prachthotel Krone mit gemütlichem Stadt-Restaurant (Familienspaß-Pauschale für zwei Erwachsene und zwei Kinder ab 550 Mark, Tel. 0041/32/6 22 44 12); das kleine, aber feine Restaurant und Hotel Baseltor (Doppelzimmer ab 180 Mark, Tel. 0041/32/6 22 34 22); die topmoderne Jugendherberge im Stadtzentrum mit Familienzimmer für drei bis neun Personen (ab 35 Mark pro Person, Tel. 0041/32/6 23 17 06). Am Brienzer See: Grandhotel Giessbach mit prächtigem Jugendstil-Foyer, eigenem Wasserfall und Standseilbahn (Doppelzimmer ab 210 Mark, Tel. 0041/33/9 52 25 25). Rosenlaui/Meiringen: Berghotel

Rosenlaui, erreichbar über eine gut ausgebaute Paßstraße, junge Wirtsleute, ambitionierte Küche, geöffnet von Ende Mai bis Anfang Oktober (Doppelzimmer mit Etagendusche und WC für 140 Mark, Tel. 0041/33/9 71 29 12). Weitere Schweiz-Angebote bei Kids Hotels (0041/55/6 43 38 44). Günstige Ferienwohnungen für Familien bietet die Schweizer Reka-Anlage Meiringen-Hasliberg (Vierbett-Wohnung ab 650 Mark pro Woche, Tel. 0041/31/3 29 66 33).

Weitere **Sehenswürdigkeiten** für Erwachsene und Kinder: nahe Solothurn das Schloß Waldegg mit Illusions-Architektur, Baroc garten und Kinderführer; bei Brienz das eindrückliche, weiträumig angelegte Freilichtmuseum Ballenberg mit alten Schweizerhäusern und vielen Tieren; die dunkle und feuchte Aareschlucht und der spektakuläre Reichenbach-Wasserfall mit Standseilbahn bei Meiringen.

Das Schweizer Autoren/Fotografen-Ehepaar Ruth und Konrad Richter verfaßte viele **Bücher** zum Thema Familien-Ferien: Ferien mit Kindern. Ein Ratgeber für die ganze Familie (Beobachter-Verlag Zürich, 34 Mark); Kids. Deutschschweiz und Tessin mit Kindern (Werd-Verlag Zürich, 46 Mark); Globis Abenteuer-Tips. 45 Ausflüge für neugierige Kinder (Globi-Verlag, 19,80 Mark); Erlebnis-Lehrpfade in der Schweiz. Zwei Bände mit den Themen Industrie, Landwirtschaft, Kultur, Natur, Geologie und Ökologie (AT Verlag, jeweils 54 Mark).

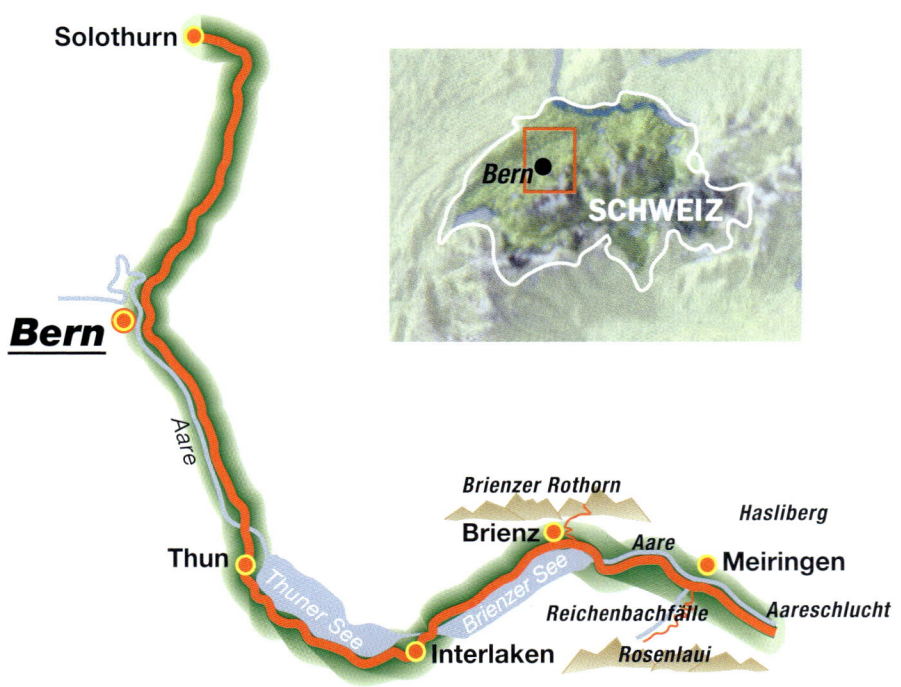

Rund um den Genfer See
im Buick-Straßenkreuzer

Das Schweizer Ufer des Genfer Sees bietet mit seinen stilvollen
Landsitzen, mondänen Hotels und steil gelegenen Winzerdörfern
vielfältige Lustbarkeiten, die auch Literaten wie Voltaire und Lord
Byron in ihren Bann schlugen.

GENFER SEE

Ein letztes Passagier-Schiff legt in der roten Abend-Sonne von Vevey ab.

Fotos: Reinhard Schmid

GENFER SEE

Er war namenlos und kam aus Ingolstadt. Sein Ziel hieß Genf, die Adresse Doktor Viktor Frankenstein. Der Fremde aus Ingolstadt erwies sich als unbequemer Gast, denn er mordete und zeigte auch sonst

Yachthafen in Morges: Am Abend verbinden sich Himmel und See zu einem geheimnisvollen Blau.

rüde Umgangsformen. Ganz zu schweigen von seinem gewöhnungsbedürftigen Äußeren.

Aber das von Frankenstein während seines Ingolstädter Medizinstudiums aus Leichenteilen zusammengeflickte Monster war sicher kein typischer Besucher des Genfer Sees. Die zeichneten sich in der Regel durch hohe Bildung und humanitäre Gesinnung aus wie etwa Jean-Jacques Rousseau, Voltaire, Madame de Stael oder Lord Byron. Außerdem waren diese phantastischen Vier keine fiktiven Gestalten, sondern real existierende Literaten von Weltniveau. Und sie kamen mehr oder weniger unfreiwillig in die Genfer See-Region, wo sie mit Stil im Exil lebten.

Eine Reise entlang den Ufern des Genfer Sees zu den meist prachtvollen Wohnstätten der Nobel-Exilanten erfordert ein Fahrzeug, das gehobenen Ansprüchen an Komfort entspricht, ein Fahrzeug wie den Buick Park Avenue.

Als rollender Teesalon bietet er in seinem Innenraum viel Platz samt üppig gepol-

27

sterten Lederfauteuils und lädt damit zu anregenden philosophischen Gesprächen ein. Außen akzentuiert der elegante Chromputz eine Karosserie, deren klassische Proportionen jeden empfindsamen Menschen auf das Erfreulichste ansprechen. Und ganz im Geiste der Aufklärung und Romantik ist der Bel Ami mit seinem 175 PS starken V6-Motor nur mäßig und sparsam motorisiert. Er schont also Nerven und Natur und gehorcht damit den Idealen der Vernunft.

Das scheinen auch die Genfer zu spüren, wenn wir ihre diskrete und vornehme

Der Buick Park Avenue macht in Genfs aristokratischer Altstadt eine gute Figur.

In der Genfer Altstadt genießen Straßencafé-Besucher die letzten Strahlen der Herbstsonne.

Altstadt mit dem Buick durchwandern, vorbei an Straßencafés und teuren Geschäften. Eigentlich traut man sich als Autofahrer kaum, in jene gepflegten, vom calvinistischen Protestantismus geprägten Theaterkulissen vorzudringen. Die dunkelblaue Karosserie des Buick wirkt jedoch wie Baldrian auf die Gemüter der Passanten.

Außerdem genießen leise dahingleitende US-Limousinen in der Schweiz durchaus einen gediegenen Upperclass-Status. Wir sind also in Genf als vermeintliche Genfer un-

29

Voltaires Schloßgut Ferney: freizügig denken und großzügig leben.

terwegs, was sich besonders dann auszahlt, wenn wir durch ungelenke Wendemanöver den Verkehr lahmlegen dürfen, ohne dabei einen Skandal zu entfachen.

Voltaire, mit bürgerlichem Namen Francois Marie Arouet, hatte seie Skandale dagegen schon hinter sich, als er 1754 nach Genf kam. Die

Leitfigur der Aufklärung sprach sich auch für die Abschaffung der Leibeigenschaft und für Religionsfreiheit aus. Der Philosoph wandte sich nach eigenem Bekunden »als Don Quijote aller Gehängten und Geräderten« gegen die »barbarischen Ungerechtigkeiten« der Staatssysteme. In Frankreich drohte ihm daher die Verhaftung.

Der 60jährige Voltaire, damals Europas erfolgreichster Literat mit Millionenvermögen, erwarb vor den Toren Genfs das Landgut Les Délices. Inzwischen von der Großstadt umwuchert, beherbergt es ein Voltaire-Museum und zeigt Portraits, Handschriften und Requisiten des produktiven Denkers. Voltaire erstand später das Schloßgut Ferney, zwölf Kilometer nordwestlich von Genf.

Leise knirschend rollt der Buick auf dem Kiesplatz vor dem angerosteten Parkzaun aus. Die beiden etwas schiefen Torflügel für die Kutschen-Zufahrt sind schon lange geschlossen und mit einer Kette umwickelt. Wir sind angemeldet, und eine junge, wortkarge Frau läßt uns durch den kleinen Pförtnereingang in den Park von Ferney mit Schloß und Kirche eintreten.

Das Schloßgebäude erweckt einen leichten, überaus sommerlichen Eindruck. Brunnen und Steinplastiken zieren die Parkwege, zwei Kutschen stehen in der großzügig verglasten Orangerie, die im Winter Orangenbäume aufnahm.

In den eleganten Räumen des Landschlosses Coppet hielt Madame de Stael ihre literarischen Quartette ab.

31

Ähnlich komfortabel und nicht weit von Ferney entfernt logierte Anne Louise Germaine Baronin von Stael-Holstein, allerdings genauso unfreiwillig wie Voltaire. Die dank ihres literarischen Zirkels sehr einflußreiche Tochter von Jacques Necker, Finanzminister Ludwigs XVI., wurde 1802 von Napoleon Bonaparte wegen divergierender politischer Meinungen aus Paris nach Coppet an den Genfer See verbannt.

Walter Heppel ist Chef des Hotels Mont Blanc in Morges und fährt ein Boot mit V8-Motor von Chrysler.

Allerdings kann das Exil nicht so schlimm gewesen sein, schrieb doch Francois René Chateaubriand nach Coppet: »Wenn ich wie Sie ein schönes Schloß am Ufer des Genfer Sees hätte, würde ich es nie verlassen.«

Doch was ist nun jenes Geheimnis des Genfer Sees? Wir parken vor dem Hotel du Mont-Blanc in Morges direkt am Ufer. Im nahegelegenen Hafen, der von einem düsteren, wehrhaften Schloß bewacht wird, blinkern die Masten der Segelboote. Der Zufall führt uns zu einem weiteren, weniger prominenten Genfer See-Besucher. Walter Heppel aus Würzburg ist Chef des Mont Blanc-Hotels. Er unternimmt mit uns eine Ausfahrt in seinem Sportboot, das ein V8-Motor von Chrysler voranpeitscht.

Heppel zeigt uns am Ufer den Besitz der Peugeot-Familie, ein schlichter Landsitz in Gelb, halb verdeckt von südländisch wirkenden Bäumen und Sträuchern. »Das

Schweizer Seeufer ist eine natürliche Sonnenterrasse«, erklärt unser Kapitän. Die gegenüber-liegenden, vom Mont Blanc gekrönten, meist schneebedeckten Alpen bilden dagegen eine kühle und erhabene Kulisse für die hellblaue Fläche des Sees.

Von Lausanne nach Montreux führt der schönste Teil der Genfer See-Autoreise. Die Hauptstraße liegt wie eine Aussichtsterrasse über dem Seeufer und ermöglicht Fernblicke hinüber zu den Hoteltürmen von Montreux und zur Wasserburg Chillon. Die weiter oben gelegene Autobahn hält sich aus dem Landschaftsbild beinahe völlig heraus. Wir wählen jedoch verwegen den dritten Weg über die Weinberge, die gut beschilderte Route de Vignoble.

Erstaunlich wendig twistet unser blauer Buick über die kurvenreichen, von Mauern gesäumten Sträßchen des Lavaux. Er durcheilt einspurige Winzerdorf-Straßen und Steigungen bis zu 30 Prozent.

Am hochgelegenen, nördlichen Seeufer ist die Weinernte voll im Gange.

Vevey wird ohne Ach und Weh erreicht. Und damit sind wir dem in Genf geborenen Jean-Jacques Rousseau ganz

33

Kleine, gut befestigte Straßen führen in die steilen Weinberge des Lavaux-Gebiets.

nahe, vor allem wenn wir an seinem Tisch im Bistro Le Clé sitzen. Eine Inschrift verrät: »An diesem Tisch nahm Rousseau 1730 während seines Aufenthaltes im »Schlüssel« die Mahlzeiten ein.«

In Vevey versuchte Rousseau die Folgen einer unglücklichen Liebe zu verges-

Helden einer nicht standes-
gemäßen Liebschaft agieren
in Clarens, einem Vorort von
Montreux.

Das Werk endet jedoch tra-
gisch. Von der Uferpromena-

Gotische Felsenhalle: der
geräumige Kerker des
Bonivard im Schloß Chillon
mit Holzblock und Halsfessel.

sen, lernte dabei gleichzeitig
den Schauplatz seines 1761
erschienenen Bucherfolgs
»Julie oder die neue Héloise«
kennen. Seine Briefroman-

35

Das Schloß Chillon ist mit Recht die am meisten besuchte
Sehenswürdigkeit der Schweiz.

de beim nahen Chateau Chillon stürzt Julies Sohn in die kalte Flut des Genfer Sees, wird jedoch von der tapferen Mutter errettet, die nun ihrerseits einer Lungenentzündung zum Opfer fällt. Ein Schicksal, das auch Lord Byron aus London zu Tränen gerührt haben dürfte.

Als George Gordon Noel Lord Byron im Jahre 1816 auf den Pfaden von Rousseaus Briefroman wandelte, lernte er bei seinem Rundgang im Schloß Chillon ein noch grausameres Schicksal kennen: In einem zum Teil aus dem Fels gehauenen Kellerraum war der Genfer Francois Bonivard, Rebell gegen die savoyische Fremdherrschaft, über zehn Jahre lang an einen Pfahl gekettet.

Byron griff daraufhin ergriffen zur Feder und brachte sein langes Bonivard-Gedicht »Der Gefangene von Chillon« zu Papier. Im dunklen Verließ soll Byron ein Namens-Grafitti hinterlassen haben. Wir entdecken es voller Erstaunen hinter einem Authentizität versprechenden Stück Plexiglas.

Schloß Chillon ist im übrigen das meistbesuchte Baudenkmal der Schweiz. Es beweist, daß Rousseau und Byron für die Beliebtheit de Genfer See-Region viel geleistet haben. Auf jeden Fall mehr als ein gewisser Doktor Frankenstein.

Franz-Peter Hudek

Sündhaft teure Nächte: Hotel Montreux-Palace mit der leuchtenden Pracht der Belle Epoque.

RUND UM DEN GENFER SEE: REISETIPS

Die ideale **Reisezeit** für den Genfer See, auf französisch Lac Leman, ist von April bis Oktober. In dieser Zeit bietet das südliche Schweizer See-ufer bisweilen Mittelmeertem-peraturen. Es können jedoch plötzlich Wetter- und Tempe-raturstürze mit ergiebigen Re-genfällen auftreten.

Wer ein ordentliches und dennoch preisgünstiges **Hotelzimmer** sucht, sollte die Metropolen Genf, Lausanne oder Montreux meiden. In den kleineren Städten wie Morges, Rolle oder Nyon gibt es schon angemessene Doppelzimmer ab 90 Fran-ken. Am Seeufer gelegene Hotels wie das Mont-Blanc in Morges kosten pro Doppel-zimmer rund 150 Franken (drei Sterne). Das legendäre Montreux-Palace verlangt dagegen für ein Doppelzim-mer zwischen 570 und 700 Franken (Hauptsaison, ohne Frühstück).

Fondue und Raclette, wohl-riechende Traditionsgerichte der Schweizer **Gastronomie**, stehen besonders in den zahl-reichen kleineren und ländli-chen Restaurants fast immer auf der Speisekarte. In den Metropolen bieten vor allem die renommierten Luxushotels erstklassige internationale Küche. Es gibt zwei Schweizer Weingebiete am Genfer See-Ufer: La Côte liegt zwischen Genf und Lausanne, Lavaux zwischen Lausanne und Mon-treux. Die bevorzugt ange-baute Gutedel (Chasselas)-Traube besitzt einen nachhal-tigen, fruchtigen Geschmack.

Zu den bemerkenswerte-sten **Sehenswürdigkeiten** zählt die Lausanner Kathe-drale Notre Dame, deren Turm bei guter Fernsicht be-stiegen werden sollte. Hierzu fährt man vom Lausanner Hafen Ouchy mit der Zahn-radbahn in die brücken- und hügelreiche Altstadt hoch. Neben dem Pflicht-Schloß Chillon warten auch die Städtchen Coppet, Nyon,

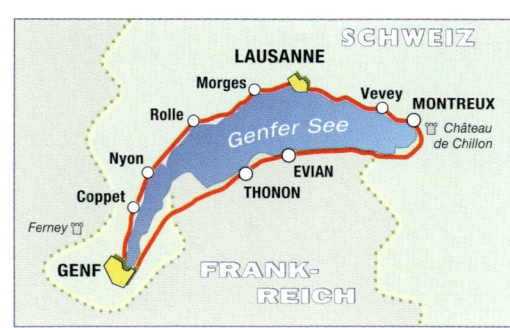

Rolle und Morges mit kleineren Schlössern auf. Das letztere ist ein Militär- und Zinnfiguren-museum: In üppig ausgestatteten Vitrinen werden Szenen der Weltgeschichte mit bisweilen pikanter Liebe zum Detail dargestellt. Das Voltaire-Schloß in Ferney befindet sich in Privatbesitz und ist nur beschränkt zu besichtigen: Juli und August, jeweils samstagmittag. Verträumtheit ohne Kitsch zeichnet die alten und engen Weinorte der Lavaux-Region aus wie Riex, Epesses oder Chebres.l

Der Deep Purple-Erfolgssong »Smoke on the Water« entstand nach Bekunden von Keyboarder John Lord als Erinnerung an Montreux: Die Konzerthalle am Seeufer brannte ab. Das **Musikfestival**, das schon lange nicht mehr ausschließlich dem Jazz vorbehalten ist, findet regelmäßig im Juli statt. Weitere Jazz-Events am Genfer See: Im März das Cully Lavaux Jazz-Festival und Anfang November das Festival traditioneller Jazz in Chésereux-Nyon. Weitere Infos unter Tel. 0041/21/6 13 26 26.

Für die Genfer See-Region gibt es derzeit keinen speziellen **Reiseführer**. Man kann jedoch auf die bewährten Schweizführer von Polyglott, Baedecker oder Michelin zurückgreifen. Dabei sticht der Michelin-Führer (28 Mark) durch seine informative Knappheit, gute Übersichtlichkeit und sehr gute Grafiken besonders hervor. Auch die Orte am Genfer See besitzen umfangreiches Info-Material, das über das Waadtländer Tourismusbüro in Lausanne geordert werden kann (Tel. 0041/21/6 13 26 26). Die Generalkarte Schweiz Nr. 2 (Mairs Verlag, 8,80 Mark) leistet gute Dienste.

39

Schlittenfahren in Grindelwald, unterwegs im Mercedes-Van

Echten Winterspaß in den Alpen erleben nicht nur Skifahrer oder Snowboarder. Denn jetzt kommen die Rodler. Das Berner Oberland mit seinem Traditions-Winterort Grindelwald bietet rasante Rodel-pisten, einsame Berghütten und ein imposantes Alpen-Panorama.

Nach der Schlittenpartie bringt der Mercedes-Van
die müden Rodler sicher ins Hotel.

Fotos: Reinhard Schmid

GRINDELWALD

Turbo-Schorsch, der dreifache Rodel-Weltmeister Georg Hackl aus Berchtesgaden, hat mit dem Skifahren echte Probleme. Die Bretter, die für viele Freizeit-Sportler von Weihnachten bis Ostern die Welt bedeuten, betrachtet der Rodel-Hackl eher als gefährli-

Gleisanschluß: Die Grindelwalder Zahnradbahn ist ein praktisches und ebenso nostalgisches Verkehrsmittel der Skiregion.

che Mordwerkzeuge: »Um ein Haar hätte ich mir damit die Augen ausgestochen.«

Hackl ist sicher nicht der einzige, der mit dem Skifah-

ren hadert und sich auf dem bodenständigen, kinderfreundlichen Rodelschlitten wohler fühlt als auf den bunten, rutschigen Kunststoff-Latten. Doch die meisten Wintersport-Orte konnten bislang den Schlittenfahrern nur wenig bieten. Und überhaupt: Wie sieht das denn aus, wenn sich der Schnee-Urlauber in Kitzbühel oder St. Moritz mit einem Kinderspielzeug unter dem Arm und Wanderschuhen an den Füßen unter die topmodisch gekleideten Skiflitzer mischt? Kann ein dynamischer Familienchef sich und seiner Familie diesen zünftigen Auftritt zumuten?

In Grindelwald schon, denn hier gehört der flinke Rodelschlitten zum Ortsbild. Ganze Rodler-Horden stapfen mit geschulterten Schlitten von den Hotels zum Bahnhof der Jungfraubahn. Vor jedem Sportgeschäft stehen Dutzende von Neufahrzeugen: der Holz-Klassiker Typ »Davos« – mal ganz Natur oder mit einem Sitz aus ge-

43

GRINDELWALD

Die Zahnradbahn bringt Skifahrer, Snowboarder und Rodler
einträchtig auf die Kleine Scheidegg.

flochtenem Stoff, die modernen Kunststoff-Bobs – mal
als simple Wanne oder als
Luxusmodell mit Lenkung,
Handbremse, Licht und Radio, oder für den hautnahen
Fahrspaß: die Rutschflade mit
Haltegriff. Die Schlitten gibt
es zu kaufen oder zu mieten.
Wer im geräumigen Van reist,

die Grundlage für das restliche, darauf gestapelte Gepäck. Der große Innenraum mit hinten vier Einzelsitzen in Vis-à-vis-Position erweist sich nicht nur als bequemes Reiseabteil, sondern auch als gern genutzte Umkleideka-

Das Weichenstellen bei der Jungfraubahn ist auch heute noch reine Handarbeit.

bringt seine Schlitten gerne von zu Hause mit. Im Gepäckabteil der Mercedes V-Klasse bilden die ineinanderverschachtelten Sportgeräte

Die Eigerwand und die
beiden verträumten Hotels
Bellevue und Les Alpes sind
Wahrzeichen der Kleinen
Scheidegg.

bine, wo ohne Verrenkungen die lieben Kleinen aus ihren feuchten Schneeanzügen geschält werden können.

Die V-Klasse ist im übrigen ein recht fahrsicheres Reisemobil, das dank Automatikgetriebe, ABS und Antriebsschlupfregelung auch im Winter gut beherrschbar bleibt. In den Fahrpausen surren, zischen und klicken viele unsichtbare elektrische Helfer und vermitteln dadurch den Eindruck, mit einem hochtechnisierten Automobil zu reisen, das seine Insassen geradezu umhegt und pflegt.

Unerfreulich ist nur, wenn der Fahrer am Morgen den mit einer dicken Eisschicht überzogenen Van in Betrieb nehmen muß. Denn bevor das vertraute Surren, Zischen und Klicken von Heizung und Niveau-Ausgleich wieder ertönt, muß erst einmal das Eis von den groß dimensionierten Fenstern gekratzt werden. Die hoch gelegene Windschutzscheibe ist nur über Hüpf-Gymnastik zu erreichen.

Wenigstens friert Vati nicht, während die Familie noch beim Frühstück sitzt.

Heute bleibt der Mercedes kalt. Denn Grindelwald hat wie viele andere Skiorte in der Schweiz den Vorteil, daß die Wege von den Hotels bis zu den Talstationen der Bergbahnen recht kurz sind. In den Kabinen der Firstbahn finden Schlitten und Passagiere reichlich Platz, in wenigen Minuten ist die Bergstation Schreckfeld erreicht.

Von hier aus genießen die Rodler einen weiten Blick hinüber zu dem Felsmassiv von Wetterhorn, Eiger und Mönch, sehen, wie die Zahnradbahn-Züge der Jungfraubahn zur Kleinen Scheidegg hochschleichen, und freuen sich auf eine sieben Kilometer lange Schlittelpartie hinunter ins Dorf. Die Schlittenpisten sind mit kleinen Pistenwalzen präpariert und münden in Ortsnähe meistens in tief verschneite Fahrstraßen.

Schlittenfahrer sind ein recht kommunikatives Volk,

Auch Snowboarder kommen voll auf ihre Kosten und sind integrierter Bestandteil des Schweizer Skizirkus.

weshalb das Grindelwalder Verkehrsbüro auch gerne von »Schlittelplausch« spricht. Samuel Kislig, unterwegs mit Gattin, Tochter und Enkel, stellt sich als pensionierter Gymnasialdirektor vor, der bei Freunden in Grindelwald einige Ferientage verbringt. Gerne erklärt er das Panorama und beleuchtet Grindelwalds langjährige Geschichte als Touristen-Attraktion. Immer-

47

Das Lauberhorn-Rennen zählt zu den traditionsreichen Veranstaltungen des Ski-Weltcups.

hin stammt die älteste Darstellung des Unteren Grindelwaldgletschers aus dem Jahre 1642, gezeichnet von Joseph Plepp und in Kupfer gestochen von keinem Geringeren als Matthäus Merian.

Nach Goethe kamen die natur- und sportverrückten Engländer. Und auch die Schweizer entdeckten recht schnell das Tourismus-Potential ihrer kernigen Berge: Bereits im Jahr 1890 brachte die Zahnradbahn die aus London, Paris und Berlin in Interlaken eingetroffenen Bahnreisenden bequem und sicher nach Grindelwald. Heute, schließt der Gymnasialdirektor im Ruhestand, stehe das Schlitteln hoch im Kurs: »Man muß auch an die Winterurlauber denken, die nicht Ski fahren können oder wollen. Dazu zählen vor allem die Kinder und die Japaner.«

Tatsächlich ist diese letztgenannte Zielgruppe der Extrem-Weltreisenden für Grindelwald und die dazugehörige Jungfraubahn von großer Bedeutung. Denn bei jedem Europa-Trip bildet die zum Großteil unterirdische und damit aussichtsarme Bahnfahrt von der Kleinen Scheidegg hinauf zum Jungfraujoch einen vermeintlichen Reisehöhepunkt, aufgewertet von der Aussage, Europas höchstgelegene Bahnstation betreten zu haben.

Die Skimode bevorzugt wieder satte Popfarben, der kalte Neon-Look ist out.

Herzhafter Kuchen vom Blech stärkt den Magen und das Gemüt.

Habhaftere Lustbarkeiten bietet dagegen der Schlittel-Plausch, denn Schlittenfahren ist leicht erlernbar und relativ ungefährlich – auch für asiatische Gäste ohne jegliche Schnee-Erfahrung.

Hier die wichtigsten Grundregeln: Der Rodler nimmt auf der hinteren Hälfte des Schlittens Platz und stellt die Beine auf die Kufen. Die Hände finden hinter dem Rücken am Schlitten Halt. Gelenkt wird per Gewichtsverlagerung. Weniger elegant wirkt dagegen das Lenken mit der in den

49

Rodel-Weltmeister Georg Hackl fährt zwar mit einer anderen Handstellung, ansonsten sind die Unterschiede im Fahrstil gering.

Schnee gehauenen Stiefelhakke. Doch als Notbremse, wenn es mal brenzlig oder zu schnell werden sollte, ist dies durchaus erlaubt. Dazu Rodel-Weltmeister Hackl: »Klar, Angst gibt's. Manchmal liegt ein Besen in der Bahn, oder der Hund von einem Touristen springt rein.«

Schließlich seien noch Wiedereinsteiger gewarnt, die vor 20 Jahren zum letzten Mal auf einem Schlitten saßen. Die seit der Kindheit bekannten und unverändert gebauten

Spaßfahrzeuge kommen einem inzwischen verdammt niedrig vor, Muskelkater ist programmiert.

Dann hilft ein rodelfreier Tag, den man im großen Grindelwalder Hallenbad, auf der Eis- oder Curlingbahn oder mit einem unambitionierten Ausflug auf die Kleine Scheidegg verbringen kann. Die Zahnradbahn rattert leicht schüttelnd und mit einem mahlenden Geräusch auf die 2061 Meter hoch gelegene Bahnstation, die als Basislager für Skifahrer und Snowboarder dient.

Von hier aus bringen Sessellifte die Wintersportler zum höher gelegenen Lauberhorn oder nach der Abfahrt wieder herauf auf die Kleine Scheidegg. Am Abend folgt die krönende, lange Abfahrt ins Tal.

Wie Störche auf der Sumpfwiese stelzen Skifahrer und Jungfraujoch-Reisende aus Japan über die Zahnradgleise hinweg. Das Betreten und Überschreiten der schneebedeckten Schienen ist ausdrücklich erlaubt. Die elektrischen Triebwagenzüge von Grindelwald und von Lauterbrunnen nähern sich der Bahnstation mit einem leisen Quietschgeräusch. Und in perfekter Harmonie zwischen Skifahrer und Eisenbahn macht man den Zügen ganz selbstverständlich und ohne Hast den Weg frei.

Die jungen Snowboarder tragen gerne graue, braune und schwarze, meist recht

Musterhaus: Die vielen Gehöfte der Region sind allesamt reine, zum Teil sehr alte Holzbauten.

51

Steil aufragende Berge mit grauen Felswänden sind das Wahrzeichen von Grindelwald.

weite Jacken und Hosen, dazu den obligaten Kälteschutz für den Kopf, sei es in Form eines orientalischen Käppis oder einer Dockarbeiter-Wollmütze. Bei den Skifahrern sind dagegen die Popfarben der siebziger Jahre angesagt. Gelb, Orange und Giftgrün lösen die inzwischen altmodischen, von Surfern und Mountainbikern eingeführten Neonfarben mit ihren kühlen Blau- und Rosa-Varianten ab.

Es ist gerade Mittagszeit. Der Himmel strahlt im lichten, grenzenlosen Blau. Die einfachen Holzbänke des Freiluft-Restaurants an der Bahnstation sind alle besetzt. In der Speisekarte kann man lesen, daß hier oben jedes Jahr 50 Tonnen Kartoffeln und acht Tonnen Käse verzehrt werden. Auch Skifahrer stärken sich gern mit Rösti.

Schlittenfahrer gibt es auf der Kleinen Scheidegg jedoch nur wenige, ihre Reviere liegen woanders. Die verschiedenen Fahrgeschwindigkeiten und Anforderungen an die Pisten machen diese strikte Trennung notwendig.

Nur Georg Hackl, würde er die frostige Einsamkeit seines Eiskanals einmal verlassen dürfen, könnte wohl mit dem

> ***Der Mercedes Van – Luxus-Transporter für die Familie***
> *Früher war ein Mercedes der Inbegriff des „Schweren Wagens". Die Van-Modellreihe der V-Klasse setzt diese Tradition fort, bringt doch bereits das Einstiegsmodell V230 exakt zwei Tonnen Leergewicht auf die Waage. Dafür glänzt der Familien-Mercedes mit ungewöhnlich viel Platz auf allen Sitzen und dank seines 143 PS starken Vierzylinder-Motors mit akzeptablen Fahrleistungen: Null bis 100 km/h in 15 Sekunden, Höchstgeschwindigkeit 175 km/h. Ab 57 900 Mark.*

Tempo der rasant dahinzischenden Skifahrer mithalten und aller Welt zeigen, über welches sportliche Potential der Rodelschlitten in freier Wildbahn verfügt: Tagträume eines Schlittenfahrers auf der Kleinen Scheidegg.

Doch der letzte Zug der Jungfraubahn bringt ihn ins Tal und wieder zu seinem störrischen Sportgerät zurück.

Franz-Peter Hudek   53

INFO GRINDELWALD

Winterspaß in Grindelwald:Reisetips

Die **Anreise** nach Grindelwald erfolgt am besten über Bern oder Luzern. Von beiden Städten aus sind es bis in das Skigebiet noch etwa 60 Kilometer auf gut ausgebauten Straßen.

Grindelwald besitzt viele alte Traditions-**Hotels**. Das modern ausgestattete Panorama-Hotel Gletschergarten ist seit 1899 in Familienbesitz (mit Sauna, Billardraum, Pianobar; Doppelzimmer ab 250 Mark). Zentraler gele-gen ist das alte Hotel Hirschen (Doppelzimmer ab 180 Mark). Ebenfalls in Bahnhofsnähe liegt das schlichte, aber komplett ausgestattete Hotel Alpina. Das Gasthaus Aspen liegt direkt unter der Eigerwand (beide Hotels: Doppelzimmer ab 150 Mark). Infos unter Tel. 0041/ 33/8 54 12 12.

Essen und Trinken in einsamen Berg-Restaurants ist eine Grindelwalder Spezialität. Fondue-Plausch mit anschließender Nacht-Schlittenfahrt ins Tal hinunter bieten die Berghäuser Schreckfeld, Bort, Schwarzwaldalp und Waldspitz. Auch das Jägerstübli mit seinem Wildererfondue (Käse mit Kräutern verfeinert) und die Röstizzas (Rösti mit Pizzabelag) im Stations-Gasthaus der Kleinen Scheidegg sind einen Ausflug wert.

Zu den **Sehenswürdigkeiten** der Jungfrauregion zählen viele Standseilbahnen sowie die Schmalspurzüge diverser Bahngesellschaften. Im gemütlichen Bummeltempo empfehlen sich Ausflüge in den mondänen Traditions-Reiseort Interlaken oder eine Rundreise über die Kleine Scheidegg und Lauterbrunnen. In Brienz am Brienzersee fährt die einzige Dampf-Zahnradbahn der Alpen im regulären Fahrplan-Betrieb

auf das 2350 Meter hoch gelegene Rothorn.
Die Startpunkte der Grindelwalder **Schlittenpisten** sind
mit dem Bus (Busalp), der
Kabinen-Seilbahn (Firstbahn)
oder der Zahnradbahn (Stationen Alpiglen oder Brand-
egg) erreichbar. Rund zehn
Schlittelwege mit Längen zwischen vier
und 15 Ki-
lometern
(mit zwei-
stündiger Wan-
derung zum
Startpunkt) sind
angelegt. Alpine
Skiläufer und
Snowboarder
können sich von
Grindelwald aus
auf insgesamt
183 Pistenkilo-
metern vergnü-
gen. Der Drei-
Tages-Skipaß kostet etwa
165 Mark (Erwachsener), ein
Nicht-Skifahrer-Abo für Schlittenfahrer rund 170 Mark (vier
Tage). Wichtige Termine im
Januar: das traditionelle

Lauberhorn-Weltcuprennen
und das internationale Infer-
no-Rennen für jedermann
(Schilthorn-Lauterbrunnen,
15,8 Kilometer Länge, 1500
Teilnehmer).

Als **Reiseführer** eignen sich
der gewichtige Baedeker-
Band Schweiz (49,80), der
grafisch sehr ansprechende,
jedoch fotofreie Michelin-
Führer Schweiz (28 Mark)

oder Bern/Berner Oberland
von Polyglott (mit ausgewähl-
ten Autotouren) sowie Marco
Polo (jeweils 12,80 Mark).
Generalkarte Schweiz Nr. 2
(Marco Polo, 9,80).

TESSIN

Die Uferstraße in Morcote führt an verträumten Arkaden-Cafés vorbei.

Fotos: Reinhard Schmid

Tessin-Rundreise im Alvis-Graber-Cabrio

Das Tessin ist die Alpenregion starker Kontraste. Den Beweis liefert eine Reise im Alvis-Graber-Cabriolet von 1955, das den Bauten Tessiner Avantgarde-Architekten folgt.

Wer kennt Bellinzona nicht? Für viele Autofahrer, die über die Gotthard- oder Bernardino-Route nach Süden reisen, sind die nachts beleuchteten Zinnen der drei Burgen ein erstes Versprechen von Sonne und Meer. Fast jeder kennt Bellinzona, doch kaum einer war dort.

Um sich die Hauptstadt des Tessins genußvoll zu erschließen, ist es nicht unbedingt notwendig, in einem raren und wertvollen Alvis-Graber Cabriolet anzureisen. Doch es wirkt. Die Blicke von Passanten und Gästen des Arkadencafés auf der dreieckigen Piazza Collegiata verfolgen das beige Cabrio bis in die Park-

Neu oder alt? Der Burghof des Castello Grande in Bellinzona wurde 1980 von Aurelio Galfetti gestaltet.

Auch auf Bergstraßen glänzt der Alvis mit eleganter Sportlichkeit.

lücke, wo der im besten Healey-Sound röhrende Motor verstummt.

Seine sportliche Eleganz verdankt der 1955 in Willowbrook gebaute Alvis-Graber Special TC-108-G dem Schweizer Karossier Hermann Graber, der für Alvis die Coupés und Cabrios entwarf.

Die mit einem drei Liter großen Sechszylinder motorisierten Alvis-Fahrzeuge genossen einen guten Ruf. Der Chefkonstrukteur war nämlich kein Geringerer als Alec Issigonis, der auch den Kleinwagen-Klassiker Austin Mini entwarf. Die Zusammenarbeit zwischen Graber und Alvis

59

Hermann Hesses Grab auf
dem Friedhof von Gentilino.

Fahrersitz aus die eigenartige Lage der winzigen, aber vornehmen Altstadt von Bellinzona überblicken: Der Stadtkern ist zwischen dem Castello di Montebello und Castello Grande eingeklemmt und durch hohe Wehrmauern abgeschottet – ein Stück Mittelalter in der Frischhaltebox.

Doch zunächst keine Spur von moderner Architektur. Die Entdeckungsreise zu den avantgardistischen Tessin-Bauten eines Mario Botta oder Aurelio Galfetti erfährt eine willkommene Kaffeepause.

Das Kartenset über die moderne Tessiner Architektur verrät, daß von der nahe gelegenen Piazza del Sole aus ein Lift auf das Burgareal des Castello Grande fährt, das 1980 nach Entwürfen von Aurelio Galfetti neu gestaltet wurde. Durch einen Betonstollen – die Architektur-Tour setzt sich diesmal unterirdisch fort – gelangt der Besucher in ein Kuppelgewölbe: halb Maginot-Bunker, halb christ-

endete 1965, als Rover die kleine britische Marke übernahm.

Auf dem graublauen Ledersitz nimmt der Fahrer eine zwar tiefe, doch bequeme Sitzposition ein. Cabrio sei Dank läßt sich schon vom

liche Grabkammer. Leise öffnen die Stahltüren des Lifts, die den oben angekommenen Burgbesucher in ein sprödes und dennoch anziehendes Ambiente entlassen.

Schlanke Wehrtürme und mit Zinnen gekrönte Mauern umfassen einen aus Pflaster- und Grasflächen komponierten Hof. Hohe und trotz kleiner Fensteröffnungen zerbrechlich wirkende Giebelhäuser lehnen sich wie schutzsuchend an die grauen Mauern.

Historische und moderne Architekturbereiche sind in ihrer kargen Sachlichkeit kaum voneinander zu trennen. Innen, im Museum und im Restaurant, dominieren dagegen blanker Beton, Stahl und Glas. »Restaurierung ist nicht die romantisierende Rekonstruktion der Vergangenheit, sondern deren Aktualisierung«, schrieb einmal Architekt Galfetti.

Die Architektur-Reise begann tags zuvor in dem alten Straßendorf Meride. Die Hü-

gellandschaft um Meride, mal ohne die für das Tessin so typischen See- und Bergpanoramen, wirkt toskanahaft heiter.

Das Tessin ist ein Dorado für Gartenfreunde. Auch Hermann Hesse griff zur Gießkanne und Gartenschere.

TESSIN

Das andere, karge Tessin der einsamen Bergtäler: verlassener Hof im Valle Onsernone.

Wie eine intergalaktische Bodenstation empfindet daher der Besucher das bei Stabio gelegene Rundhaus von Mario Botta. Der davor ge-parkte Alvis mit seinen fließenden, rundlichen, geradezu weiblichen Formen verstärkt die geometrische Strenge des Hauses, das aber

orte wie Morcote mit seiner Uferstraße, mit den Arkaden- häusern und den auf Pfählen im See stehenden Restaurant- Terrassen, über Montagnola, wo Hermann Hesse von 1919 bis zu seinem Tod im Jahre

Marthas antiker Kaufladen im Literaten-Bergdorf Berzona. Max Frisch und Golo Mann waren hier Kunden.

durch seine Klarheit und funktionale Logik zu überzeu- gen vermag.

Auf der Weiterfahrt durch die touristischen Traditions-

63

Die gepflegten Poststationen des Tessins dokumentieren
Schweizerische Gründlichkeit.

1962 lebte, und das Luganer Villenviertel Collina d'Oro bis nach Lugano und schließlich Bellinzona – beinahe überall sind moderne Bauten im Tessiner Stil zu entdecken, vor allem Schulen, Postämter, Banken und Geschäftshäuser.

Von Bellinzona aus geht am Morgen die Fahrt weiter nach Locarno, dann ein kurzes Stück im Centovalli, um von dort aus in das wilde Valle Onsernone abzubiegen.

Jetzt beginnt das andere, rauhe Tessin, scheinbar Lichtjahre von der tiefer gelegenen, mediterran anmutenden Seeregion entfernt, die Hesse in euphorischen Worten pries:

»Wie Flammen steigen mit leicht gebogenen, nadelspitzen Wipfeln die Zypressen in den Himmel, und unten brennt in dem Meer von dunklem Grün ein rotes Hohlziegeldach mit entzückenden zackigen Schatten.«

Hier oben bedeckt grauer Granit die oft in extremer

Locarno modern: eine Geschäfthaus-Fassade beim Bahnhof im kantig-urwüchsigen Tessin-Stil.

65

TESSIN

Mahlerische Mühlen-Ruine in dem alten Bergstädtchen Russo.

Hanglage errichteten Häuser. Wer zu Fuß gehen möchte, der sollte grobes Schuhwerk tra-

gen und seinem Pensionswirt sagen, wo er hin will.

Auch der Alvis gerät etwas

modernen Architekturstil besitzt, folgt mit ihren Kurven jedem Felswinkel der rechten Talseite.

Tief unten rauscht ein unsichtbarer Gebirgsbach. Zwischen dem filigranen Eisengeländer und den schroffen Felswänden ist nur selten Platz für zwei Autos. Immer öfter protestiert das Alvis-Getriebe mit einem Krachen bei den Rangiermanövern, während der Motor gelassen durch den Doppelauspuff trompetet.

Das Bergdorf Berzona lädt zur Rast ein. Der Alvis muß am Fuß des schmalen und

außer Atem. Die Bergstraße nach Russo, das ein Altenheim im ebenfalls kühl-

Das Wasser ist im Tessin dank des fjördartig verzweigten Lugner Sees allgegenwärtig.

67

TESSIN

Tessiner Begegnungen: Italienisch anmutende Ortsdurchfahrt auf dem Monte Ceneri.

hohen Campanile mit riesiger Uhr geparkt werden: Das verwinkelte Dorfzentrum ist nur zu Fuß erreichbar. Martha Regazzoni transportiert deshalb mit einer Schubkarre ihre angelieferten Waren in den kleinen Kaufladen, in dem schon Alfred Andersch, Max Frisch und Golo Mann ihre Siebensachen erstanden. Nein, sagt die rüstige alte Dame, mit dem einstigen Schweizer Ferrari-Piloten sei sie nicht verwandt.

Die Bergstraße endet in dem einsamen 50 Seelen-Dorf Gresso. Eine kleine Kirche, die Poststation, eine Trattoria mit schmaler Terrasse und eine Handvoll Häuser staffeln sich über den Postbus-Wendeplatz. Die eleganten und umtriebigen Seeorte Locarno und Ascona liegen nur eine knappe Fahrstunde zurück. Selten bietet eine Region auf engstem Raum derartige Kontraste.

Der große Unbekannte: Alvis mit Graber-Karosserie

Der Alvis TC 108/G mit seiner sportlich-eleganten Karosserie – ein Entwurf des Schweizers Herrmann Graber – ist ein großes und bequemes Reise-Cabrio. Der 1958 in England gebaute Viersitzer besitzt einen drei Liter großen Reihen-Sechszylinder-Motor mit 104 PS. Durch eine Außenlänge von 4,8 Metern zählte der Brite damals zu den stattlichsten Cabrios aus europäischer Produktion und übertraf damit deutlich die Konkurrenz-Modelle von Jaguar, Lancia und Mercedes.

Wer wundert sich dann noch darüber, daß die kalifornische Rocker-Hymne »Born to be wild« ihre geistigen Wurzeln in Montagnola hat?

Franz-Peter Hudek

INFO TESSIN

Tessin im Sinn: Reisetips für die italienische Schweiz

Das **Klima** im Tessin zeichnet sich durch milde Winter und gemäßigte Sommer aus. Die mittlere Jahrestemperatur liegt gegenüber Deutschland um drei Grad höher. Frühling und Herbst bringen viel Regen. Die Niederschläge sind heftig, aber von kurzer Dauer. Die **Anreise** von Norden erfolgt während der kalten Jahreszeit am besten über Basel, Luzern und den Gotthard-Tunnel. Die Gotthard-Route ist dank ihrer gegenüber dem Bernardino-Tunnel rund 500 Meter geringeren Höhe weniger schneegefährdet und deshalb besonders für Motorrad- sowie Oldtimerfahrer zu empfehlen.

Als traditionsreiches Reiseziel bietet das Tessin **Hotels und Gasthöfe** in allen Preisklassen. Gehobenen Ansprüchen wird das moderne Hotel Origlio Country Club gerecht, das nördlich von Lugano liegt und mit Schwimmbad und Tennis-plätzen aufwarten kann (Doppelzimmer mit Frühstücks-Buffet ab 300 Mark). Als stilvolle Unterkunft empfiehlt sich das zentral in Luganos Altstadt bei der Kathedrale gelegene Hotel Federale (Doppelzimmer mit Frühstück ab 500 Mark). Weitere Infos beim Ente Ticinese per il Turismo, Tel. 0041/91/825-70 56, Fax -36 14. Man spricht Deutsch.

Essen und Trinken ist in den Grotti ein besonderes, aber auch etwas teures Vergnügen. Ursprünglich bezeichnete Grotto – der Name bedeutet Höhle oder Keller – eine Besenwirtschaft der Winzer. Auch heute noch gibt es im Wald versteckt gelegene, nur im Sommer geöffnete Ur-Grotti, doch die meisten sind zu Landrestaurants der mittleren Preisklasse aufgestiegen. Hier wie dort kann man Tessiner Spezialitäten wie Risotto, Polenta und natürlich Pasta in allen Varianten genießen. Dazu Wild- und Fleischgerichte wie Hasennudeln, Hirsch-trockenfleisch, Wildpastete oder Lammkotelett. Der örtliche Wein heißt Merlot und wird im Boccalino, einem kleinen Krug, serviert, aus dem er auch getrunken wird.

Zu den **Sehenswürdigkeiten** des Tessins gehören nicht nur moderne Bauten, sondern auch recht alte. In Riva San Vitale steht das Baptisterium St. Giovanni aus dem sechsten Jahrhundert, der älteste Sakralbau in der Schweiz. Romanik-Freunde kommen voll auf ihre Kosten: Der schlanke Kirchturm mit den Rundbögen-Fenstern ist das Wahrzeichen des Tessins. Auch als Barock- oder Klassizismus-Variante behielt der Tessiner Kirchturm seine grazile Größe. Weitere Romanik-Kleinode: Bei Prugiasco im Blenio-Tal die einsam gelegene Kirche St. Carlo in Negrentino mit gut erhaltenen Fresken, das alte Dorf Giornico im Valle Levantina zwischen Airolo und Biasca. Zahlreiche Burgen und Schlösser aus allen Bauepochen mit Ausnahme der Gotik beherbergen meist in-

formative Museen wie das Castello Visconti in Locarno. Kinder finden ihren Spaß an den vielen Standseil- und Zahnradbahnen und an »Swiss-minatur« in Meride: die Eisenbahn-Schweiz im Maßstab 1:25.

Das Angebot an kostenloser

Reiseliteratur

von den Tessiner Touristikämtern ist riesig. Dort gibt es auch das Kartenset »Auf den Spuren der modernen Architektur im Tessin«. Solide: Tessin-

Führer von Baedeker (29,80 Mark). Unentbehrlich: das Dumont-Buch »Richtig Wandern« (29,80 Mark). Weitere Lehrpfade in der Schweiz (Technik und Kultur) zeigt der Bildband mit Routen-Book-let »Erlebnis-Lehrpfade der Schweiz« von Ruth Michel und Konrad Richter (AT Verlag Aarau, 54 Mark).

71

Im Rolls Royce nach St. Moritz zum Langlauf

Mit einem neuen Rolls-Royce und alten Skiern aus Holz reiste Clauspeter Becker nach St. Moritz. Er folgte der Spur der Briten, die dort nicht ganz freiwillig den Wintersport entdeckten. Und er lüftet das Geheimnis, warum sie ihre Skeleton-Schlitten, aber nicht ihre Rolls-Royce mitbrachten.

Die Schlittemfahrt über den St. Moritzer See ist ein angemessenes Vergnügen für Rolls Royce-Fahrer.

Fotos: Reinhard Schmid

ST. MORITZ

A b Chur wird unsere Reise winterlich. Der Schnee erobert mehr und mehr die Straße. Als wir uns hinter Tiefencastel dem Aufstieg zum Julier-Paß nähern, schließt sich die Decke. Aber heutzutage kümmert ein Schweizer Winter einen Briten wie den Rolls-

Die winterliche Anreise von Chur über den Julier-Paß nach St. Moritz meistert der Rolls Royce mit stoischer Ruhe.

Royce wenig. Der lange Silver Spur steigt mit Winterreifen tapfer zu einer Höhe von 2284 Metern auf. Er schiebt ein wenig über seine Vor-

Die Standseilbahn bringt den Ski-Sportler hinauf auf das 2486 Meter Hohe Corviglia-Plateau.

derräder durch die Kehren, wenn man ihn nicht mit etwas Gas auf einen engeren Radius lockt. Die knappen 90 Kilometer nach St. Moritz sind auch auf Schnee und Eis in kaum zwei Stunden vorüber.

Das war nicht immer so. Als um das Jahr 1850 die ersten englischen Urlauber das Engadin bereisten, da lagen zwischen Chur und St. Moritz noch zwei Tagesreisen. Aber das kümmerte Britanniens reichen Adel, frühe Großindustrielle und Kolonialwarenhändler wenig. Man hatte

75

Geld und Zeit. Holiday in St. Moritz, da war die Family drei Monate außer Landes.

Dieses St. Moritz der frühen Jahre war längst noch nicht als Winterwunderland entdeckt. Das Engadin war seinerzeit

Wandern, möglichst ohne abzufahren, war die Lust der frühen Skifahrer aus England.

die Sommerfrische wohlhabender Briten mit dem Hang zu kontinentaleuropäischer Exotik. Der Mann, der diesen und den nächsten Trend in klarer Alpenluft geschnuppert hatte, hieß Johannes Badrutt. Der Bauunternehmer aus St. Moritz begann seinen Senkrechtstart in der Gastronomie mit geliehenem Geld und einer kleinen Pension um 1854. Doch schon in den folgenden Jahren ging er daran, die Urfassung des Kulm-Hotels zu bauen, das heute noch als erstes Haus am Platz den Kulm (rätoromanisch für Hügel) von St. Moritz-Dorf beherrscht.

Nur Gäste gab es damals in dem schönen neuen Haus allein zwischen Juni und September. Zwei Drittel des Jahres stand das Kulm so gut wie leer. Und Johannes Badrutt, der zu guter Letzt elf Kinder hatte, mußte Familie und Personal über eine lange kalte Winterzeit bringen. Da blieb dem genialen Gastronomen nichts anderes übrig, als jene

Rolls Royce in natürlicher Umgebung vor dem mondänen
Kulm-Hotel in St. Moritz.

Das Engadin bietet auch viel modernen Winterspaß wie das Fahren im Heißluft-Ballon.

Legende zu stiften, die St. Moritz zum Ursprungsort des Winterurlaubs machte.

Johannes Badrutt saß, so überliefert der Engadiner Autor Lorenz Stucki die Sage, Ende September 1864 mit den letzten englischen Gästen am Vorabend ihrer Abreise am Kaminfeuer. Als es nach dem fünften Whisky gemütlich wurde, soll der Schweizer Gastgeber gesagt haben: »Es muß doch traurig sein, den Winter im kalten London zu verbringen, während wir hier in St. Moritz ohne Mantel und Jacke draußen in der Sonne sitzen.«

Das Ganze lief auf ein großes Gelächter der Engländer, weitere Whiskys und unweigerlich auf eine Wette hinaus. Johannes Badrutt bot den wettwütigen Engländern an: »Sie kommen vor Weihnachten hierher. Wenn ich Sie dann vor dem Hotel bei Sonnenschein im Hemd begrüßen kann, wohnen Sie den ganzen Winter gratis in meinem Hotel. Wenn nicht, vergüte ich

Ihnen die Kosten Ihrer Reise.« Die englische Expedition in den Engadiner Winter fand wirklich statt. Auf Pferdeschlitten kamen die vier Londoner über den Julier, um eine Wette zu verlieren, bei der nur sie gewinnen konnten. Denn die Sonne schien tatsächlich

Tea Time? Zur Stärkung wird jedoch bevorzugt Schweizer Schokolade getrunken.

für einen hemdsärmeligen Empfang durch Johannes Badrutt.

Fortan wurde es chic, den Winter statt in Ägypten oder an der Côte d'Azur im frosti-

Wer kopfüber mit Tempo 100 durch den Eiskanal jagt, verdient wirklich ein Denkmal: Skeletonfahrer in Bronze gegossen.

Curling-Turnier auf dem europäischen Kontinent durch. Lange bevor das Skifahren Mode wurde, brachten sie 1885 als ihren ureigenen Wintersport das tollkühne Fahren mit dem Skeleton, dem stählernen Geripppe-Schlitten, ins Engadin.

Gerodelt wird der bäuchlings, den Kopf voraus zum Schutz des Körpers. Aber vorbehalten ist dies »survival of the fittest« mit Tempo 100 auf der Natureisbahn des Cresta Run allein den Mitgliedern des exclusiven Cresta-Clubs. Das erste Golf-Tournament der Alpen kam 1889 mit den Briten nach St. Moritz.

Meine Vorstellung, daß die honourable members von Golf- und Cresta-Club schon in den jungen Jahren unseres Jahrhunderts standesgemäß im Rolls-Royce Silver Ghost über Kanal und Julier kamen, zerschellt leider an der Graubündner Geschichte. Eine große Sitzung des Kleinen Rats des Kantons Graubünden am 17. August

gen Engadin zu verbringen. Und es waren die Briten, die den Kurort bis über die Jahrhundertwende prägten. Sie führten 1880 das erste

1900 kam zu dem für Automobilisten schicksalhaften Ergebnis: »Da Fälle vorgekommen sind, in denen durch das Befahren der Straßen mit Automobilen der Post- und Fahrverkehr überhaupt gefährdet wurde, und da sich solche Fälle wiederholen und zu eigentlichen Katastrophen führen könnten, beschließt der Kleine Rat: Das Fahren mit Automobilen auf sämtlichen Straßen des Kantons Graubünden ist verboten.«

Wer aber schon damals auf sein Auto nicht verzichten wollte, stieg in Chur nicht auf

Die Standseilbahn bringt Skifahrer in die Corviglia-Region mit insgesamt 80 Kilometer Abfahrtspisten.

Familiärer Luxus nach Schweizer Art bietet der Schweizerhof in St. Moritz.

Kutsche oder Schlitten um, sondern ließ vier Gäule vors Kraftfahrzeug spannen für die nächsten zwei Tage Fahrt nach St. Moritz. Selbst für Krankentransporte waren

Kanton passieren wollte, dann ging das nur mit den natürlichen Pferdestärken. In diesem Sinne wurde auch ein Antrag, wenigsten Ärzte-Autos zuzulassen, durch einen Volksent-

Die Sektkühlung der Skibars übernimmt ein Flaschenregal, das im Schnee an einer schattiger Stelle steht.

Autos nicht erlaubt. Und wenn ein motorisierter Krankenwagen im Transit den

83

Viele enge Ortsdurchfahrten im Engadin sind nur einspurig passierbar.

scheid noch 1922 abgelehnt.

Erst am 15. Juli 1925 erwirkte der zehnte Volksentscheid zur Autofrage in Graubünden mit knapper Mehrheit eine Freigabe. Der ein Vierteljahrhundert lang autofreie Kanton holte daraufhin zügig auf. Heute ist das enge Jagdrevier der Polizisten von St. Moritz-Dorf dennoch kein gastlicher Ort für Autofahrer bei ihrem aussichtslosen Parkplatzsuchspiel.

Ansonsten freilich bezaubert der älteste Urlaubsort der Alpen mit dem Charme einer Gastlichkeit, die schon ein paar Jahrhunderte vor den Briten an den reisenden Kaufleuten auf ihrem Weg über die Alpen reifte. Das arrivierte Bergdorf mit seinen 1,5 Millionen Gästen jedes Jahr und mit seinem größten vorgeführten Nerzbestand in der Alpenregion ist seiner freundlichen Zuneigung zu reichen Gästen nun fast 150 Jahre treu geblieben.

Gästen die Gewißheit geben, reich zu sein. Wer hier im Kulm wohnt, im Palace oder wie wir um wenige hundert Franken bescheidener im Schweizer Hof, dem gönnt die Zeit des Aufenthaltes das Gefühl, ganz familiär ein Wohlhabender und wohlhabend zu sein.

Dem ganz besonderen Verwöhnaroma der Schweizer Gastronomie à la St. Moritz sind nach den Briten alle Großen dieser Welt gefolgt. Die VIP-Liste des Kulm-Hotels verrät, wer unter all den Celebrities der letzten 100 Jahre stilvoll zu reisen wußte. Indiens Maharadschas taten es und Europas Könige, aus den Vereinigten Staaten kamen die Rockefellers, Vanderbilds, Roosevelts und Kennedys.

Der Wintersport mit Ski oder Schlittschuh ist in St. Moritz eine eher selbstverständliche Nebensache. Die Hausberge Corvatsch und Corviglia sind Abfahrtpara-

diese nur vom Feinsten. Aber der Stolz der Stadt stützt sich nicht allein auf die zwei olympischen Winterspiele (1928 und 1948), sondern auch auf ganz neue Sport-Kreationen in Schnee und Eis: das erste Pferderennen auf Schnee (1906), das erste Poloturnier auf einem zugefrorenen See (1985), die erste Snowboard-Weltmeisterschaft in Europa (1987) und – mal ohne Eis – den ersten Windsurf-World-Cup auf einem Binnensee (1994). Die stete Suche nach dem Besonderen treibt den Erfolg von St. Moritz an. Helene von Gugelberg, Erbin des Schweizer Hofes, bereichert die vielen vergnüglichen Facetten des Ortes um eine weitere. Ihre Maultierfarm fördert die Aufzucht der freundlichen Mulis. Und damit die einem guten, einträglichen Zweck dienen, organisiert sie Maultierritte wie im Wilden Westen nur eben durch die Berge ihres Bündnerlandes.

Clauspeter Becker

St. Moritz for ever:
Tips für Klassik-Trip

Samedan bei St. Moritz gilt als Tiefkühlfach der Schweiz. Auch St. Moritz ist es in den frühen Wintermonaten kalt. Im März herrscht das ideale **Reisewetter** für Wintersportler. In der warmen Jahreszeit bietet St. Moritz eine angenehme Sommerfrische.

Die **Anreise** von Norden erfolgt am besten von Karlsruhe über Basel, Luzern oder von München und Ulm über Memmingen, Lindau und Buchs nach Chur. Von dort aus geht es über Lenzerheide oder über Reichenau und Thusis nach Tiefencastel und über den Julier-Paß (Winterausrüstung erforderlich) nach St. Moritz.

Übernachtungen in St. Moritz sind teuer. Schon eine Nacht in der Jugendherberge kostet ab 80 Mark im Einzel- und ab 125 Mark im Doppelzimmer. Die nach oben offene Skala reicht bis 1600 Mark für Doppelzimmer in Kulm- und Palace-Hotel. Viele **Hotels** bieten günstigere Wochenarrangements an, die einschließlich Halbpension und Skipaß zwischen 1200 und 2400 Mark kosten. Empfehlenswert: Halbpension im Schweizer Hof für zwei Personen im Doppelzimmer je nach Zimmer und Saison zwischen 300 und 850 Mark. Preisgünstigste Lösung: Ferien auf dem Bauernhof.

Der internationale Kurort bietet **Essen** und **Trinken** aus aller Welt. Lokale Spezialitäten sind von kräftiger Natur: Bündner Fleisch (luftgetrocknet), Bündner Graupensuppe, Zuozer Krautsuppe, Pizzocheri neri (Buchweizengericht), Puschlaver Ringbrot (mit Anis). Für international verwöhnte Gaumen empfiehlt Gourmet-Führer Gault Millaut: Jöhri's Taro, Badrutt's Palast Hotel Grill, Chasellas Suvretta und Veltliner Keller (St. Moritz); Hotel Albana und Hotel Julier (Silvaplana); Hotel Donatz (Samedan). Als lokalen Wein trinken die Bündner Veltli-ner, denn das Veltliner Tal – heute Italien – gehörte bis 1797 zu Graubünden.

Der **Skipaß** für das Oberengadin kostet pro Tag 70 Mark und pro Woche 300 Mark. Er gilt auf 60 Bergbahnen und erschließt 350 Kilometer Pisten. Neben den Abfahrten für klassischen alpinen Skilauf gibt es auch Spezialitäten für Snowboarder: Obstacle Course, Halfpipe, Boarding Cross-Piste. Für Langläufer: 150 Kilometer Loipen. Es gibt Natureisbahnen für Schlittschuhlauf und Curling. Skijöring ist mit Pferden und Maultieren möglich. Außerdem: Drachen- und Gleitschirm-Flugschule, Tennis- und Squash-Hallen, Wintergolf und Ballonfahrten.

Reiseliteratur: »Graubünden« (Polyglott, 12,80 Mark; Merian, 14,80 Mark; HB-Bildatlas Nr. 115. (16,80 Mark). »Graubünden: Kunst, Kultur und Landschaft« (Dumont, 44 Mark). »Reise-Taschenbuch Graubünden« (Dumont, 19,80 Mark).
Weitere Auskünfte beim Verkehrsverein Graubünden (Tel. 0041/81/2 54 24 24).

Schlemmertour durch Tirol im Porsche-Klassiker 356

Die deftige einheimische Kost ist ebenso ein Renner wie Alpen und Heimatabende: Tiroler Knödl, so wissen nicht nur Bergsteiger und Skifahrer, machen groß und stark.

TIROL

Die Schutzmauer der Berge sorgt manchmal dafür, daß Hauptstraßen
von damals zu Nebenstraßen von heute wurden.

Fotos: Reinhard Schmid

TIROL

Dieses Land steht wie eine Schranke zwischen Nord und Süd. Durch die über 3000 Meter hohen Felsmauern führen ein paar rasche Straßenverbindungen, gleichzeitig verästeln sich die Täler, Berg-

Die kühle Schenke von Schloß Berneck bringt müde Porschefahrer mit Kaffe und Apfelstrudel wieder auf Touren.

kämme, Flußläufe zu einem Irrgarten, dessen alpine Pracht so überwältigend ist, daß kaum jemand ernsthaft einen

Knödl ist nicht Knödl: Die Varianten heißen Tiroler Knödl, Schlutzkrapfen, Kasnockn.

Ausweg sucht. Die Berge sind so hoch, daß sie nicht selten den Himmel tragen, und in den engen Tälern entsteht das exakte Gegenteil von endlosen Horizonten. Wer durchfährt, bleibt hängen.

Selbst die schnellste Nord-Süd-Durchquerung, auf der Brenner-Autobahn in gut zwei Stunden, dauert lange genug, um im beiläufig Durchreisenden das Lied der Berge zum Klingen zu brin-

91

Gasthof Kreuz in Rieden: ein Hoch auf den Preßknödl und den zuverlässigen alten Porsche.

gen. Der Tourismus-Kitsch, der viele Berge bis zum Gipfelkreuz zupflastert, funktioniert auch als Köder für jene, die das andere, das unverfälschte, das urige Tirol suchen und selbstverständlich finden, weil es auch dafür Führer gibt, zum Beispiel für »Das Tiroler Wirtshaus« (siehe Tips auf Seite 102).

Verläßlichstes Transportmittel auf dem nostalgischen Trip weg von der Nouvelle cuisine oder den Fast food-Pommes, hin zu Tiroler Knödl, Tiroler Gröstl, Tiroler Hut und Tiroler Mädl ist eines jener Automobile, mit denen unsere Väter die steilen Rampen der Paßstraßen noch regelrecht bezwangen, zum Beispiel ein Porsche 356B 1600 Coupé.

Dessen Vierzylinder-Boxermotor atmet bereits freier, wenn die Berge am Ende der Autobahn A 7 Ulm–Kempten auftauchen. Das liegt aber nicht am luftgekühlten, stoßstangen-gesteuerten Veteranen, der so unverfälscht hinter der Hinterachse scheppert, sondern an der Landschaft der Karosserie.

Geographisch gesehen besteht die Silhouette eines Porsche 356 Coupé aus Alpenvorland und Alpen-

Barbara serviert den Gästen auch an einem 100 Jahre alten Stammtisch.

hauptkamm. Die erste, sanfte Hügelkette beginnt an jener vorderen Stoßstange, die 1963 bereits aus einem schicken Rammschutz in Wagenfarbe, einem verchromten Einsatz und zwei tierischen Stoßhörnern bestand.

93

Ein wild umrankter Garten-Pavillon lädt in Imst zur Brettl-Jause ein.

Von dort rollen langgezogene Kurven über Scheinwerfer, Kofferraumdeckel samt einem Griff wie ein Berggrat und Kotflügel bis zur abrupt steilen Wand der Windschutzscheibe, die anschließend in einen Kogel übergeht. Zwischen Nesselwang und Oberjoch, wo aus den grünen Allgäuer Almen die felsigen Alpen werden, weiß einer wie der Porsche 356: Hier bin ich daheim – auch wenn die Sportwagen-Wiege tatsächlich im kärntnerischen Örtchen Gmünd stand.

Vom Oberjoch öffnet sich ein Panorama ins Tannheimer Tal, das aussieht, als hätte sich der Herrgott bei der Schöpfung schon an späterer Postkarten-Idylle orientiert. Wenn der Rest Österreichs am späten Vormittag bereits das Gabelfrühstück pflegt – die deftige Nachhut des Frühstücks, um die Durststrecke bis zum Mittagessen zu überwinden –, herrscht im Tannheimer Gasthof Enzian noch paradiesische Ruhe.

Auch wer mit dem eigenen Wagen anreist, ist nach einem Fußmarsch in der Anhalter-Hütte herzlich willkommen.

Punkt zwölf Uhr steht aber die Rote-Rüben-Suppe auf dem Tisch der Terrasse, unvermittelt gefolgt von Spinatknödl, mit Bergkäs gefüllt. Peter Cornelius dudelt aus einem unsichtbaren Lautsprecher »Du entschuldige, i kenn di ...«, und vom Hausberg Neunerköpfel schweben bunte Paraglider wie riesige Schmetterlinge.

95

Die Sonnenuhr zeigt, daß es Zeit ist, die Bar anzusteuern.

Nach rasanter Schußfahrt vom Tannheimer Hochtal ins geröllhaltige Lechtal liegt der Gasthof Goldenes Lamm sowohl zeitlich als auch geographisch ideal für ein süßes, schweres Dessert, das in Österreich »Mehlspeise« heißt. Als sich die örtliche Gendarmerie in einem Mitsubishi Lancer Kombi-Dienstwagen allzu dienstlich dem Porsche nähert, der verwegen knapp an Almdudler-Flasche, Milchrahmstrudl und Speck-Jause geparkt ist, beruhigt der Wirt: »Die kommen auch nur zum Essen.«

Die Straße über das 1894 Meter hohe Hahntennjoch windet sich mit altmodischen Verrenkungen in eine Bergwelt, in der Menschen aussehen wie die Geier-Wally oder

96

Luis Trenker und die Bergbauern ihr Heu auf steilen Hängen noch mit dem Holzrechen einholen. Hier oben ist der Steinbock ein natürliches Haustier.

Vom frühen Schutz gegen die Großstadt-Zivilisation zeugen abgeblätterte Farbtafeln, auf denen der Alpenverein ziemlich naiv bittet, Edelweiß, Almrausch und Enzian nicht als Souvenir zu entwurzeln. Unten im Tal, das wie ein kleiner, frischpolierter Kiesel heraufblinkt, heißen Orte viesagend »Namlos« oder »Boden« und eine ganze Gegend »Außerfern«.

Die Knödl-Route erreicht das Oberinntaler Städtchen Imst am Nachmittag, wenn die Berge und die Abenddämmerung bereits lange Schatten auf die Holzterrasse von Schloß Sprengenstein werfen.

Extreme Hanglagen fordern auch heute noch Handarbeit bei der Heuernte.

97

In den Gewölben dieses Trutzschlößchens aus dem 15. Jahrhundert hat sich das Hotel Post samt Restaurant etabliert,

Die Tafel erweckt den deftigen Geruch von gebratenem Speck, Zwiebeln und Kartoffeln.

in dem andere Wirte sehr gerne den Ruhetag ihres eigenen Gasthauses abwarten.

Je nach Hunger und Gusto führt der Weg nur langsam gegen Süden: Polenta in der Gemse in Zams, Bauernschmaus im Gasthof Tschuppbach in Tösens, in der Traube zu Pfunds eine Einbrennsuppe, wie sie früher nur meine Großmutter aus Butter, Mehl und Wasser zusammengebracht hat.

Abstecher ins Kaunertal, auf das Plateau von Ladis und Obladis und ins Samnaun nehmen alles Tempo aus der Reiseplanung, da kann der Porsche 356 mit seinen 32 Jahre alten 60 PS noch so übermütig um die Kurven wetzen.

Die Zeit bleibt stehen wie die Borduhr. Aus den rauhen Felsen an der Straße zum Reschenpaß wächst das Sperrfort Nauders wie ein blankpolierter, monströser Granit-Quader. 1834 bis 1840 wurde diese Festung 20 Meter tief in den Berg getrieben, um das Oberinntal gegen die aufsässigen Lombarden und Engadiner zu schützen.

In Hochfinstermünz, knapp vor dem Reschenpaß, verfällt links und rechts der Straße eine ganze Epoche. Der Baedeker wertete das hiesige Grand Hotel einst als eines der fünf besten in der k. k. Monarchie, und Ludwig Ganghofer widmete Hochfinstermünz ein Gedicht. Die Tochter des letzten Hotelbesitzers ist immer noch ehrenamtliche und unbezahlte Postmeisterin, auch wenn am Posthäuschen der Schriftzug »k. k. Post- & Telegrafen-Amt« längst verblichen ist.

Noch neun Kilometer bis zur Grenze Italiens, damit schon mit einem Bein im Süden. Oder doch noch den Porsche wenden auf jener langen Geraden zum Grenzübergang, hinunter ins Tal und zurück nach Imst ins Hotel Post.

Dort spielt Barbara, die Wirtstochter, ein akademisches Serviermädchen, so-

Holz an der Hütte: vornehme Kasetten-Tür und einfache Schindelfront.

99

Das Goldene Lamm in Weißenbach lockt mit barocker Illusions-Malerei un leckeren Mehlspeisen.

lange sie auf eine Stelle als Gymnasiallehrerin wartet. Ihre Dienstkleidung wird innerhalb der Familie weiterver-

erbt – die Untere Oberinntaler Tracht.

Vor 25 Jahren mochte die Mutter nicht ins Dirndlkleid

Der kleine Rote: Porsche 356 B

Im Jahre 1963 genügten noch 60 PS um einen Porsche zu dem zu machen, was er seit mehr als 50 Jahren ist – ein Sportwagen. Eine gute Aerodynamik, bescheidene Abmesssungen und das geringe Wagengewicht von nur 905 Kilogramm verhalfen dem gleichermaßen formschönen wie gebrauchstüchtigem Coupé zu einer Spitze von 160 km/h. Der Porsche kostete damals ca. 14 500 Mark. Gepflegte Modelle sind heute bis zu 50 000 Mark wert.

steigen, weil sie es für altmodisch hielt. Heute ist sie längst »damit verwachsen« und die Tochter dabei, so anmutig reinzuwachsen, daß man ihr verträumt dabei zuschauen möchte. Zur leichteren Verdauung und zur Beruhigung gibt es, wie überall in Tirol, den selbstgebrannten Schnaps des Hauses: eine gesunde Obstmischung aus Apfel, Birne und Vogelbeere, weil man manches ja nicht doppelt genug sehen kann.

Eckhard Eybl

INFO TIROL

 **Tiroler Kultur für Leib und Seele: Reisetips**

Die schnellste **Anreise** ins westösterreichische Bundesland Tirol erfolgt auf der A 7 über Ulm und Kempten oder via München, Rosenheim und Kiefersfelden auf der A 93. Verbleites Benzin wird bereits seit einigen Jahren nicht mehr angeboten, als Alternativ-Kraftstoff gibt es Super Plus-Benzin mit Bleiersatz.

Als Touristik-Juwel ist Tirol mit **Hotels** und **Privatpensionen** aller Kategorien flächendeckend überzogen. Im Oberinntaler Städtchen Imst pflegt das Hotel Post im Schloß Sprengenstein besonders eindrücklich die Tradition der Tiroler Gastfreundschaft: Romantik Hotel Post, A-6460 Imst, Tel.: 0043/5412/665-4, Fax: -5, 26 Zimmer mit Bad/WC; Übernachtungspreise pro Person ab 650 Schilling (rund 95 Mark), Betriebsferien im November.

Tirol pflegt seine eigenständige Kulturlandschaft mit deftiger **Küche**. Spazln, Krapfn, Knödl, Gröstl und Nockn werden von engagierten Küchenchefs längst zu Feinschmeckerspeisen verfeinert. Empfehlenswerte Tiroler Wirtshäuser entlang der beschriebenen Route: Gasthof Goldenes Lamm, A-6671 Weißenbach 82, Tel.: 0043/5678/5216, Mittwoch Ruhetag; Gasthof Kreuz in A-6671 Rieden 4, Tel.: 0043/5678/5202, Dienstag Ruhetag; Post-Gasthof Gemse in A-6511 Zams, Hauptplatz 1, Tel.: 0043/5442/62478, Mittwoch Ruhetag; Gasthof Falkeis, A-6522 Kauns 47, Tel.: 0043/5472/6225, Montag und Dienstagvormittag Ruhetag; Gasthof Tschuppbach, A-6541 Tösens, Tschuppbach 1, Tel.: 0043/5477/217, Dienstag Ruhetag; Gasthof Traube, A-6542 Pfunds, Hauptstraße 10, Tel.: 0043/5474/5210, kein Ruhetag.

Seit 1994 führen Tiroler Ausstellungsstraßen den kunstsinnigen Autofahrer zu den wichtigsten **Sehenswürdigkeiten**. Die Routen bündeln Kunstschätze und Denkmäler zu interessanten Ausflugsfahrten durch das überwältigende Bergpanorama, meistens von der Landeshauptstadt Innsbruck ausgehend. Die derzeitigen Themen: Tiroler Gotik, Barock & Rokoko sowie der Habsburger-Kaiser Maximilian I. und die Renaissance. Die Führer sind im lokalen Buchhandel und bei den Stationen der Kunst-Routen erhältlich. Sie kosten zwischen 30 und 40 Mark.

Der kulinarischen Tirol-Tour liegt der reich bebilderte

Reiseführer »Das Tiroler Wirtshaus« zugrunde. Der Wirtshaus-Führer der Tirol-Werbung kostet 19 Mark und ist zu beziehen unter Tel. 0043/512/5 32 00. Weitere Tirol-Reiseführer gibt es von Marco Polo (12,80 Mark), Reise-Magazin Tirol vom ADAC (14,80) und HB-Bildatlas Nr. 174 (16,80 Mark).

Auf alten Militärstraßen durch die Dolomiten im Steyr Puch Pinzgauer 6x6

Vor 80 Jahren lieferten sich Österreicher und Italiener in den Südalpen einen mörderischen Krieg. Yörn Pugmeister sucht im Extrem-Geländewagen Puch Pinzgauer nach alten Militärstellungen und entdeckt eine einladende Ferienfront.

DOLOMITEN

Mächtige Dolomiten-Pfeiler erheben sich über
das karge Monte Piana-Hochplateau.

Fotos: Wolfgang Drehsen

Der Saumpfad ist schmal – die Fahrspur auch, gerade so breit wie die eines Bergtraktors. Der Saumpfad ist steil – zwei eingeschaltete Differentiale, die Gelände-Untersetzung, der zweite von fünf Gängen und nicht weniger als sechs Räder geben Kontra:

Wasserwerfer: Die Wattiefe des Pinzgauer mit Sechsrad-Antrieb beträgt 70 Zentimeter.

unterwegs in der kletternden Keksdose, im Puch Pinzgauer 6 x 6.

Spitze Steinbrocken schnappen nach verletzlichen Reifen-

Mit Bruchsteinen befestigte Laufgräben sind stumme Relikte eines erbarmungslosen Krieges.

flanken – runter vom Pfad, halb hoch auf die grasige Böschung, Bodenfreiheit und Portalachsen erlauben das. In fast unvorstellbaren und sehr ungemütlichen Schief- und

107

Der Lüftel-Künstler malt auf Bestellung – die Motive bringt er als Skizzen mit in die Berge.

Schräglagen spreizen sich sechs Räder, sechs Halbachsen vom zentralen Chassi-Rohr ab.

An den teilweise von Schnee zugewehten Schüt-

108

zengräben in der Höhe ist Schluß, auch vor den runden Minentrichtern im Gelände. Hier oben sind 45 Grad-Böschungswinkel und 100 Prozent Steigfähigkeit, keine Argumente mehr vor den Spuren eines Hochgebirgs-krieges, der vor rund 80 Jahren endete.

Das Piana-Plateau westlich der Drei Zinnen in den Dolomiten ist gezeichnet: Tiefe Rinne ziehen sich über die Hochfläche, als hätten Giganten Linolschnitt im Fels geübt. Dunkle Löcher gähnen in Felswänden, Stacheldraht-knäuel sind zu Klumpen gero-stet, glitschige Stufen führen in dunkle Kavernen. Zwischen 1915 und 1918 lagen sich auf der Süd- und Nord-kuppe des Monte Piana Österreicher und Italiener auf Handgranaten-Wurfweite gegenüber, brachten sich zu Tausenden um.

Italien hatte zwar bei Ausbruch des Ersten Weltkrieges seine Neutralität betont, verhandelte aber mit beiden Seiten um mögliche Gewinne aus diesem Konflikt. Als diese bei den Alliierten besser aussahen, erklärte Italien 1915 Österreich den Krieg. Die Berge zwischen Ortler und Isonzo wurden zur Alpenfront, Tausende ihrer Toten ruhen in den Tälern, die Ruinen der Höhenstellungen säumen noch heute die Bergkämme.

Wo die Natur, Wind und Wetter schnell waren mit dem Vergessen vergangener Grausamkeiten, haben Menschen die Erinnerung daran wachgehalten – als Mahnung zu fried-

Blick des Außenpostens hinab auf das Schotterbett des Rienza-Flusses unten im Tal.

lichem Miteinander. Vor allem im Gebiet der Karnischen Alpen rekonstruierten Freiwillige aus ganz Europa, vom österreichischen Bundesheer und von der deutschen Bundeswehr, Italiener und Ungarn Stellungen und Festungswerke. Sie gruben Kampfgräben und Unterstände aus, rodeten überwucherte Frontsteige und zeichneten Wege zu den Kampfschauplätzen aus. Die sind allerdings oft

Der Hauskäse vom Brandstätter und sein Schnaps finden auch Abnehmer im fernen Wien.

nicht einmal mit einem Pinzgauer zu befahren.

Kötschach-Mauthen im Gailtal, Ausgangspunkt der Reise zwischen die Fronten von einst, wirbt ein wenig sarkastisch für sich selbst: »Im

Hausgemachter Räucherspeck, einst täglicher Bestandteil frugalen Brotzeiten, gilt heute als Spezialität.

Sommer gibt`s bei uns nicht viel zu sehen; ein spannender Urlaub wird`s sicher nicht; im Winter ist`s ganz schön frisch bei uns.« Genießer eines solchen Programms kommen sicher voll auf ihre Kosten: Landestypische Unterkünfte mit Geranienbalkons springen sie regelrecht an, obwohl der Neubauboom goldener Touristik-Jahre viel Kärntnerisches gefressen hat.

Das Museum im Rathaus stimmt ein auf das Elend der

111

Vorsicht! Giftige Vipern! Doch sie zeigen sich wenig.

Krieger in den Südalpen. Zwar schauen die Kaiserjäger und Landesschützen, die bunten Dalmatiner, die bosnisch-herzegowinischen Infanteristen und die ungarische Honvêd auf alten Portrait-Fotos mächtig kühn und verwegen aus, aber die Wirklichkeit war anders.

Von ihr gibt es kaum Fotos. In der Umgebung des Plöckenpasses, wenige Kilometer südlich von Kötschach, wird sie deutlich.

Pfade führen hinauf zum Kampfpfosten am Kleinen Pal. Zu Unterständen, Gräben, zu Zeugnissen jenes Wahnsinns, der sich unten, im Angerbachtal, in fünf Soldatenfriedhöfen spiegelt. Den Verlustmeldungen von einst geht die Koketterie der k. und k.-Uniformen auf den Erinnerungsfotos völlig ab. Stärke der Einheiten am Kleinen Pal 1914: 38 Offiziere und 1222 Mann; Gesamt-Verluste: 38 Offiziere und 1221 Mann.

Erster Ort hinter dem Plöcken ist Timau auf italienischer Seite. Tischlbong oder Tischlwang hieß der Weiler früher, vielleicht schon seit dem 13. Jahrhundert. Seit dieser Zeit ist er eine Sprachinsel, in der Deutsch gesprochen wird. Das schützte weder Ort noch Einwohner davor, von gewaltigen österreichischen Minenwerfern auf der anderen Seite des Bergkamms erbarmungslos beschossen zu werden.

Auch in Timau stellt das Museum Vergangenheit aus: eine österreichische Skoda-Kanone, ein Artilleriegeschoß von 500 Kilogramm Gewicht, einen Scharfschützen-Gewehrhalter mit Spiegel und eine Panzer-Ausrüstung aus Metall für Todesmutige. Glanzstück allerdings ist das Schwarzweißfoto von Karolye Wojtyla in der Uniform galizischer Schützen. Der Soldat, eingesetzt auf dem Freikofel, hält nicht eine Waffe in den Händen, sondern seinen kleinen Sohn, den späteren Papst Johannes Paul II.

Beim Aufstieg zu den italienschen Stellungen am Kronhof Törl von Laipacco aus zeigt der sechsrädrige Pinzgauer erneut beeindruckende Offroad-Qualitäten. Auf der alten Militärstraße muß der Rio Moscardo ohne Furt gequert werden.

Der Steuerstand des österreichischen Parade-Geländewagens sitzt genau über der Vorderachse. Durch die viereckige, recht niedrige Windschutzscheibe erlebt der Fahrer Pisten-Wirklichkeit unmittelbar, direkt unterhalb der ultrakurven, viereckigen Kühlerhaube, festgemauert zwischen Tür und Motorabdeckung.

Aufrechte Haltung ist angeraten, ebenso vertikaler Tritt auf Kupplungs- und Bremspedal: Servo-Hilfen fehlen generell, Kraft wird gefordert. Sowohl beim Reißen der fünf Gänge durch militärischknappe Führungen als auch beim Anziehen der Handbremse und beim Einlegen des Untersetzungsgetriebes. Sehr zivil funktioniert dagegen das Aktivieren sämtlicher drei Differentialsperren: Per

Gebirgsfront: Stacheldrahtreste an morschen, sonnengebleichten Pfählen.

113

Soweit die Räder tragen: Oft schränkt die Furcht des Fahrers die Kletter-Fähigkeiten des Pinzgauer ein.

Knopfdruck aus dem Fahrerhaus schalten sie sich elektropneumatisch zu, sogar während der Fahrt.

Die Serpentinen bergauf sind im Frühjahr besonders rutschig. In einigen Kurven heißt es zurücksetzen, wieder anfahren im Zweiten, untersetzt. Die hinteren Sperren sind eingeschaltet, so läßt sich der Sechsradler noch angenehm lenken. Hinter dem Rifugio Morgante schiebt sich der Pinz auf einer Militärpiste weiter nach oben, einst zerrten hier Maultiere Geschütze hoch. Bis zu einem Punkt, wo wieder einmal Ende ist für alles auf Rädern.

Der Fotograf schleppt seine Kameratasche den Berg hinauf und erinnert an die portatrici, die Trägerinnen aus Kriegszeiten. Sie wuchteten 30 bis 40 Kilo-Lasten aus dem Etappenort Timau hinauf zu den Männern in den Hochstellungen, Wasser, Munition, Proviant. Manche Frauen fielen auf dem Rückweg. Sie liegen mit den 1641 Soldaten bei einem

Monument am Fuß der Berge. Es gibt keine Kontrollen auf der Rückfahrt von Italien nach Österreich. Alle Schlagbäume am Plöckenpaß stehen offen. So offen wie die an den Alpenübergängen vor Toblach oder am Naßfeld. Der Karnische Höhenweg Nr. 403 führt heute Bergwanderer über 100 Kilometer von West nach Ost über jene Gebirge, die vier Jahre lang tödliche Fronten waren zwischen zwei Nationen.

Puch Pinzgauer 6x6

Sechs angetriebene Räder machen den fünf Meter langen, zwei Meter hohen und 1,8 Meter breiten Dreiachser zum Allesüberwinder. Der 2,4 Liter-Turbodiesel-Motor leistet zwar nur 115 PS, aber das Fünfgang-Getriebe, die Untersetzung und drei Differentialsperren für Vorder- und Hinterachsen garantieren optimale Traktion in jedem Gelände. Höchstgeschwindigkeit: 130 km/h, Preis zirka 130000 Mark.

Der historische Rundweg führt Wanderer zu den Relikten eines unmenschlichen Stellungskrieges.

Nicht einmal mit einem Geländewagen wie dem Pinzgauer lassen sich deren Bergkämme und Gipfel erreichen, wohl aber die Einstiegswege zu ihnen. Und: Verfahren gibt es nicht mehr in den wunderschön abgelegenen Tälern und auf den karnischen Almen. Denn die meisten Straßenschilder in diesem Grenzgebiet sind heute zweisprachig – in deutsch und in italienisch.

Yörn Pugmeister

INFO DOLOMITEN

![Die Bischofsalm mit Berghintergrund]

Die Bischofsalm ist die letzte Station vor der heute unbesetzten Zollhütte an der italienischen Grenze.

Kerniger Urlaub in Südkärnten: Reisetips

Für die Anreise in das Gailtal und nach Kötschach-Mauthen gibt es zwei Wege: über die Tauern-Autubahn, Villach, Ausfahrt Arnoldstein. Über die Brenner-Autobahn, Abfahrt Pustertal, dann Bruneck und Toblach bis Straßen, Weiter-

fahrt auf der Karnischen Dolomitenstraße Nr. 111.

Kärntens Südwesten bietet überall Unterkünfte in allen Touristikkategorien – bis hin zum Komfortzimmer mit Dusche im Einödhof. Das Angebot im Standardquartier Kötschach-Mauthen (Doppelzimmer ab 70 Mark): mit Frühsport und Müsli – das Bio-

Hotel Kürschner, sehr urig mit Alpinschule und frugalen Hausspezialitäten – der Brandstätter Hof, sehr fein mit vielen Gault Millaut-Gourmet-Punkten – Sissy Sonnleitners Kellerwand, gediegen und günstig – Hotel Post. Fremdenverkehrs-Infos, Angebote und Zimmervermittlung unter Tel.: 0043/4715/851331. Infos über die Karnischen Alpen unter Tel. 0043/428231 31.

Zu den Sehenswürdigkeiten im Gailtal zählen das Heimatmuseum in Hermagor und das Museum der Hochgebirgsfront 1915/18 in Kötschach Mauthen. Dazu Wanderungen auf dem Karnischen Höhenweg, Klettertouren, Besichtigung des Geo-Trails am Plöckenpaß, Mountainbike-Strecken führen zum Wolayer See, zur Zollner Hütte und die Mörderstrecke zur Eduard-Pichler-Alm. Auch für Geländewagen finden sich Pisten. Vor jeder alpinen Autotour sollten jedoch unbedingt Auskünfte und eventuell Schrankenschlüssel beim zuständigen Gemeindeamt oder Grundbesitzer eingeholt werden.

Reise-Literatur über Kärnten: Marco Polo-Führer (12,80 Mark), Kompaß Kultur- (21,80 Mark) und Wanderführer (24,80 Mark), Allianz Freizeitkarte (Mair, 9,80 Mark), Generalkarte Österreich Nr. 6 (Mair, 8,80 Mark). Karten vor Ort: Karnische Dolomitenstr. (7,50 Mark), Österreichische Spezialkarten Nr. 195 bis 201 (zehn Mark). Infos und Bücher zum Thema Militär im Kötschach-Mauthener Museum.

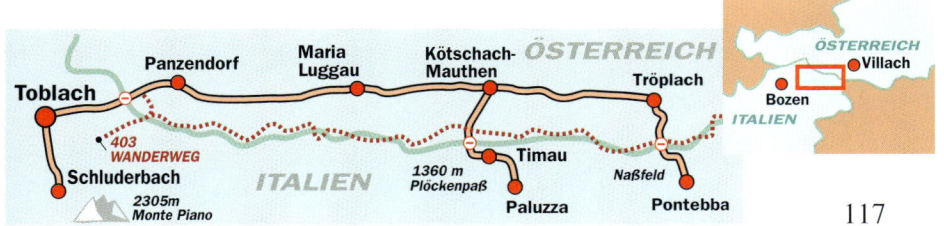

SAALBACH-HINTERGLEMM

Ski- und Porschefahren mit Walter Röhrl in Saalbach-Hinterglemm

Im Salzburger Ski- und Touristen-Paradies Saalbach-Hinterglemm hat sich Rallye-Weltmeister Walter Röhrl eine stille Welt voller alpiner Abenteuer eingerichtet. Wie im Motorsport schätzt er als Skifahrer die unbefestigte Piste, um seinen überlegenen Fahrstil auch auf Schnee weiter zu perfektionieren.

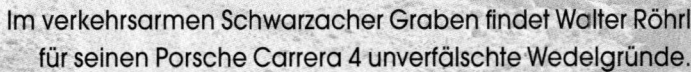

Im verkehrsarmen Schwarzacher Graben findet Walter Röhrl für seinen Porsche Carrera 4 unverfälschte Wedelgründe.

Fotos: Hans-Dieter Seufert

SAALBACH-HINTERGLEMM

Schnee ist jenes Parkett, auf dem Walter Röhrl seine besten Drifts und Schwünge hinlegt und – wenn im Rallye-Auto die Zeit läuft und der Sieg das Ziel ist – alles in Grund und Boden tanzt.

Der Beginn dieser wunderbaren Freundschaft zum

Die Bergstation des Zwölferkogel empfängt die Skifahrer mit Sonne und meterhohen Schnee.

Rutschbereich der Eiskristalle ist nicht mehr exakt rekonstruierbar, wohl aber die Folgen. Der junge Röhrl wurde zunächst Ski-Meister der

Als kleine Zwischenmahlzeit wählt Allround-Sportler Röhrl einen Almdudler und Nußkuchen.

Oberpfalz, absolvierte die viertbeste Skilehrer-Prüfung Deutschlands und entwickelte sich auf den Eis- und Schnee-Sonderprüfungen der Rallye Monte Carlo zum Guru aller Yetis. Doch wie fand der zweifache Rallye-Weltmeister und vierfache Sieger der Rallye Monte Carlo nach Saalbach-Hinterglemm, noch dazu ohne Beifahrer und Gebetbuch?

Der Pinzgau ist zwar schneesicher, aus Regensbur-

121

SAALBACH-HINTERGLEMM

Auch auf Skiern glänzt der einstige Skilehrer und zweifacher Rallye-Weltmeister mit seinen kontrollierten Drifts.

ger Sicht aber entlegen wie Oberbayern. Das zwischen den Kitzbüheler Alpen, Leoganger Steinbergen und dem Steinernen Meer tief eingestanzte Tal konnte sich nur über den Umweg Rallye in Walter Röhrls Gesichtsfeld schieben.

Marktredwitz-Winterrallye 1975: Röhrl fällt an der Grenze zur damaligen CSSR im Kadett mit Motorschaden aus, begutachtet beim Fußmarsch zurück die Konkurrenz. Vor einer engen Kurve – Schneefahrbahn – hört er alle vom Gas gehen, nur ein Käfer brüllt durch wie im Mai. Dessen Pilot, der Haider-Sepp, ist im Nebenberuf Hotelier in Saalbach.

Röhrl verbringt bedächtig sechs Saalbacher Winter im Hotel Haider, bevor er im langen Schatten des Talschlusses am Fuß des 1998 Meter hohen Spieleckkogels ein Haus kauft. Kurz darauf ernennt die Gemeinde Saalbach-Hinterglemm das Ehepaar Monika und Walter Röhrl per Dekret zu »Einheimischen ehrenhalber«.

Der ideale Skitag des einzigen Einheimischen aus der Oberpfalz beginnt um zehn Uhr. Röhrl fährt mit dem Skibus bis zur Talstation der neuen Zwölfer Nord-Gondelbahn. Die Bergstation ist eine natürliche Aussichtsplattform in 1984 Meter Seehöhe. Bei klarer Luft besteht die Welt dort oben aus Gipfeln, Graten, Wänden, Almen, Hängen, Karen – ein weißes, fein ziseliertes Relief unter blauer Kuppel, die sich von Bayern bis zum Alpenhauptkamm

Die Breitfuß Alm lädt zur Jause in knapp 2000 Metern Höhe ein.

spannt. Röhrl zielt mit dem Skistock in kilometerlange Weiten, dreht sich im Kreis und weiß zu jeder Bergspitze und jedem Gipfelkreuz bis zum Horizont den Namen.

Dann stürzt er sich in die annähernd senkrechte Nord-

Das Tal zwischen Saalbach und Hinterglemm ist eine behutsam bebaute Schneise durch schneebedeckte Berge.

abfahrt: »Wenn sie nicht gesperrt ist, am besten dreimal.« Nach dreimal drei Kilometer Diretissima zwischen

Fels und Wald haben die Waden Betriebstemperatur erreicht, Röhrl wechselt nach hinten zum Seekar, um zu »schauen, ob die Tiefschneehänge gehen«. Er zieht Girlanden in den Pulverschnee, die so makellos rhythmisch sind, daß der Künstler am Fuß des Hanges noch ein Monogramm hinwedeln müßte.

Mit zwei Schleppliften fährt er zurück zum Zwölfergipfel und auf die Herren-Abfahrtsstrecke der Skiweltmeisterschaft 1991, die »zwei- bis dreimal« im zügigen Riesenslalomtempo bewältigt wird. Wäre Walter Röhrl nicht auf Völkl-P10-Rennskiern, sondern auf Pirelli P7-Pneus unterwegs, käme nun der Reifenwechsel. Statt dessen: Einkehrschwung auf der Breitfußalm.

Röhrls Hang zum süßen Leben ist in knapp 2000 Meter Seehöhe bekannt. Hüttenwirt Martin offeriert eine Schwarzwälder Kirschtorte, natürlich begleitet von jener Universalmedizin, die in den

125

Bergen alles heilt und auch den Reifenwechsel ersetzt: dem sogenannten Hausbrand. Röhrl beginnt mit dem Hüttenwirt, der im Hauptberuf Landwirt in Maishofen ist, eine nicht ganz ernste Diskussion über die richtige Beilage zur Schwarzwälder Torte: »Mit Sahne natürlich, nicht mit Creme.«

Der Einheimische ehrenhalber ist längst Einheimischer aus Passion: »Die Saalbacher haben akzeptiert, daß ich keinen Rummel will, sondern skilanglaufen, skiwandern, Ski fahren, Skitouren machen, Mountainbike fahren.« Der Walter kennt das Seelenleben seiner Hüttenwirte und Bergkameraden mindestens so gut wie die Eisverhältnisse bei der Rallye Monte Carlo, und er macht instinktiv alles richtig, um zwischen dem Saalbacher Fassl und Vorderglemm nicht als Großkopferter zu gelten.

Er fährt nicht ganz so gut Ski wie die beiden Saalbacher Skilegenden Hans Enn und Bartl Gensbichler, er läuft nicht ganz so schnell fünfmal auf den 1819 Meter hohen Reiterkogel wie sein Freund Bascht Enn. Nur beim Autofahren hat er keine Entschuldigung – außer daß er es beim Bischof von Regensburg gut gelernt hat. So was verstehen die Menschen im Salzburger Land, die Jahrhunderte lang von der Erzdiözese Salzburg regiert worden sind.

Nach Röhrls Bekenntnis »Ich könnte mich von zehn Stück Kuchen am Tag er-

Après-Ski in der Goaßstall-Hütte: Am Abend locken altes Holz und junge Skihaserln.

Vor Walter Röhrls Haustür liegt eine ganze Sportarena:
Langlauf-Loipen, Skipisten, Tiefschnee-Hänge.

nähren« kommt wieder jene Bewegung in sein Leben, die verhindert, daß sich der Bauch je auf den Umfang von Salzburger Nockerln ausdehnen wird. Der 2097 Meter hohe Schattberg ruft mit seiner vier Kilometer langen Nordabfahrt, die für Abfahrtsrennen zu schwierig ist, allerdings »erst gegen 14 Uhr, dann wird der Schnee auf der Nordseite, in die kaum ein Sonnenstrahl fällt, wenigstens etwas griffig«.

Vorher gönnt sich Walter Röhrl noch einen kleinen Abstecher zum Limberg-Lift, »der zwar südseitig liegt, aber durch die Höhenlage immer gute Schneeverhältnisse bietet«.

127

Zu Recht ist Österreich stolz auf seine Skipisten und prominente Gäste aus Deutschland.

Die Seelen-, Bewegungs- und Tempoverwandtschaft zwischen Skirennen und Motorsport, zwischen Skirennfahrern und Piloten ist hinreichend dokumentiert, aber keiner kann dies einfacher erklären als Walter Röhrl: »Ich wollte mich auf Skiern genauso gut fortbewegen können wie ohne. Ich wollte bei jedem Tempo und bei allen Schneebedingungen Schwünge hinlegen, ohne zu rutschen. Das hat funktioniert. Als ich mit den Rallyes anfing, wollte ich im Grenzbereich und auf rutschiger Fahrbahn dann genauso präzise fahren wie mit den Skiern.«

Im durchaus touristisch angelegten Skizirkus Saalbach-Hinterglemm lebt Röhrl längst die dritte Phase seiner Bewegungslehre. Er verschmilzt mit der Natur, den Bergen, dem Eis, dem Tiefschnee, indem er sie bezwingt. Skiabfahrten auf den gut präparierten Pisten sind Temporersatz für die frühere Saalbacher Schnee- und Eisrallye über verschneite Forstwege.

Wenn Walter Röhrl seinem Geist und Körper wirklich Gutes tun will, rennt er mit Freund Bascht mit Tourenskiern auf jene Zweitausender, die noch nicht von Bergbahnen erschlossen sind. Dann starten die beiden wie für eine Sonderprüfung, ein bißchen gegeneinander, um den anderen anzustacheln und anzuheizen, aber gemeinsam gegen die Berge, kommen mit immer neuen Rekordzeiten zurück und wissen trotzdem, daß sie gegen den Mäderlkogel, den Staffkogel und Schusterkogel nie wirklich gewinnen werden.

Auf den Südhängen des Tals bekommt der Schnee nachmittags eine Schwere, die entgegen physikalischen Gesetzen in Waden und Oberschenkeln nach oben kriecht. Röhrls Avocet-Computer am Handgelenk zeigt die aktuelle Höhe über dem Meer, die zurückgelegten Höhenmeter, den Luftdruck und die Windstärke, aber nicht, daß Zeit ist für die Jause, die in Bayern Brotzeit heißt.

Die Roßwaldhütte in 1565 Meter Seehöhe ist nach jedem Schneefall garantiert vom Tal abgeschnitten, der Hüttenwirt und seine Frau haben fünf Buben im Alter zwischen drei und acht Jahren. Wenn es nachts den Almweg zuschneit, fräst der Vater um fünf Uhr

früh den Kindern einen Schulweg nach unten.

Röhrl zeigt in die untergehende Sonne und meint: »Über den Bergrücken am Talabschluß kommt man nach Aurach bei Kitzbühel.« Mit den Skiern ist der kleine Grenzübertritt von Salzburg nach Tirol eine Tagestour, mit dem Auto ein 60 Kilometer langer Umweg. Natürlich kennt Walter Röhrl eine Ab-

Die Schnupftabak-Maschine befördert die schwarze Brise punktgenau ins Nasenloch.

kürzung nach Fieberbrunn, die aber bedingt empfehlenswert ist, »weil der Forstweg nur breit genug für Mountainbikes ist«. Im Übergang vom Winter

129

zum Frühjahr wäre dies die endgültige Walter Röhrl-Tagestour: Mit den Skiern über den 2115 Meter hohen Staffkogel nach Oberaurach, dann mit dem Rad zurück.

Jetzt und heute muß Walter Röhrl von der Roßwaldhütte nur noch mit dem Schlepplift zur Hochalmspitze fahren, damit es über unverspurte Hänge »bis vor meine Haustür runtergeht«. Dort warten bereits die scheuen Katzenkinder Lisi und Moritz, die den ebenso scheuen Walter Röhrl zum Futterspender auserkoren haben.

Die untergehende Sonne signalisiert das Ende der

Dank Vierrad-Antrieb zählt der Porsche zu den Allround-Sportwagen mit exzellenten Winter-Fahreigenschaften.

ersten Halbzeit eines zünftigen Skitags. Selbst Walter Röhrl zieht zum Après-Ski den Trachtenjanker an und stapft zu Bascht, »dem besten Schnapsbrenner hier«, und dann in den Hinterglemmer Goaßstall, eine zünftige Hütte, in der Touristen und Einheimische friedlich neben-

Der Alleskönner:
Porsche 911 Carrera 4

Die aktuelle 911-Ära (Typbezeichnung 996) startete im Herbst 1996 mit dem neuen Coupé, das durch eine größere Karosserie seinen Insassen erstmals nach 32 Jahren etwas mehr Platz gönnte. Technisches Glanzlicht ist der Carrera 4 mit permanenten Allrad-Antrieb, der die ohnehin schon ausgezeichnete Traktion des Heckmotor-Autos nochmals verbessert. Dank des geringen Mehrgewichts von 55 Kilogramm gibt Porsche für den 1375 Kilogramm schweren Carrera 4 die gleichen Fahrleistungen wie für den nur heckgetriebenen 911er an: Beschleunigung von Null auf 100 km/h in 5,4 Sekunden, Höchstgeschwindigkeit 280 km/h. Der Porsche 911 Carrera 4 kostet 129 830 Mark.

einander futtern. Andere begeben sich zur Hinterhagalm. Dort beginnt jetzt erst der Tag.

Eckhard Eybl

Über allen Gipfel ist Ruh' – und viel weißer Schnee dazu.

**Skifahren in Saalbach-Hinterglemm:
Tips von Walter Röhrl**

Die **Anfahrt** in die Skiregion Saalbach-Hinterglemm im österreichischen Bundesland Salzburg erfolgt von Deutschland über die Autobahn A 8 München–Salzburg. Von der Abfahrt Traunstein fährt man über Inzell, Schneizelreuth nach Lofer (Österreich), von dort weiter Richtung Saalfelden und biegt in Maishofen nach Saalbach-Hinterglemm ab. Die Fahrzeit ab München beträgt knappe zwei Stunden.

Die beiden Orte Saalbach und Hinterglemm sind zu einem Tourismus-Verbund zusammengewachsen, der über insgesamt 17000 **Gästebetten** aller Kategorien verfügt – von Viersterne-Hotels bis zu Berggasthöfen, Jugendgästehäusern und Privat-Pensionen. Infos: Tourismusverband, Tel.: 0043/6541/6800-68, Fax -69; Außergewöhnliche und gute Hotels außerhalb: das

Porsche-Schloß Prielau Tel. 0043/6542/7 26 09 und das Familienhotel Porschehof in Zell am See (Tel.: 0043/6542/55 35 50) und Gut Brandlhof in Saalfelden (Tel.: 0043/6582/7 80 00).

Die **Ski-Saison** dauert von Mitte Dezember bis Mitte April. Insgesamt 60 Liftanlagen, darunter die größte Seilbahn Österreichs auf den Schattberg, können 62 000 Personen pro Stunde befördern. Runter führen 200 Kilometer präparierte Abfahrten und zwölf Kilometer beschilderte Snowboard-Pisten. Walter Röhrl trifft man am sichersten bei Skitouren auf Schusterkogel und Staffkogel, der ab März für seinen Firnschnee berühmt ist. Sieben-Tage-Skipässe kosten für Erwachsene in der Nebensaison 250 Mark in der Hauptsaison 300 Mark. Schneetelefon: 0043/6541/68 00 40.

Die einheimische **Küche** ist von deftiger Qualität. Walter Röhrls persönliche Gourmet-Parade beginnt im Hotel Haider (Saalbach, Tel.: 0043/6541/62 28), der Dorfschmiede (Tel.: 0043/6541/ 7 40 80), dem Restaurant Zur Einkehr (Tel.: 0043/6541/63 32) und der vegetarischen Kost im Hotel Egger (Tel.: 0043/6541/6 32 20). Noch lieber sind ihm allerdings die Süßspeisen auf Berghütten wie der Reiteralm und der Rammernalm.

KÄRNTEN

Sommerfrische für den KTM-Fahrer. Bade-
strand-Idyll bei Döbriach am Millstätter See.

Fotos: Uli Jooß

Motorrad-Tour durch Kärnten auf der KTM Duke

Kärnten lockt mit der Turracher Höhenstraße, dem Katschberg-Paß, der Nockalm-Strecke und vielen anderen Bergpisten immer mehr Motorradfahrer in die Alpen. Das Fahrvergnügen ist dort groß, besonders wenn das Motorrad KTM Duke 620 heißt.

Nichts hat sich geändert in Kärnten seit dem letzten Besuch. Zumindest nicht im Kärnten von Döbriach, am Millstätter See oder in deren näherer Umgebung. Man möchte meinen, die Gegenwart sei dort

Kärntens heile Ferienwelt: Seen, Bergketten und Traumblicke von hoch gelegenen Bergstraßen.

Vergangenheit geblieben – ungeachtet neuer Hotels, flächiger Ferienhaussiedlungen oder unlängst befestigter

Freundliche Menschen – oft Touristen aus Deutschland – helfen dem Motorrad-Fahrer auf den richtign Weg zurück.

Nebenstraßen. Aber warum?

Die Antwort ist einfach: Jenes Alpenland an den Grenzen zwischen Österreich, Italien und Slowenien steht ungebrochen für den Geruch nach solider Sommerfrische mit weichspülerverwöhntem Bettzeug. In Berg und Tal duftet es nach Heu, entrindeten Nadelbäumen und Holzrauch aus offenen Kaminen. An den vielen Badeseen riecht es nach Sonnenöl, nach der braunen Schutzfarbe für die aus

137

Nock and Roll: Solo für Motorrad auf morgenfrischer Nockalmstraße.

Holz gebauten Sprungtürme im Uferwasser.

Auf dem Motorrad bekommt man jede Geruchsnuance unmittelbar mit – vor allem, wenn mit offenem Helm gefahren wird. Zu den klaren Linien der wieselflinken KTM Duke, an der wenig Plastikverkleidungen die hochkarätige Technik gekonnt unterstreichen, paßt ein leichter Helm im Stil eines Düsenjet-Piloten.

Große, offene Blickwinkel sind in Kärnten angeraten.

Die Landschaften dort staffeln sich weiträumig: Wälder über Almen, vor Seen, vor Bergen,

Zum Wohle: Schnäpse und Öle sorgen von Innen und Außen für das leibliche Wohlbefinden.

vor Schneegipfeln unter hohen Himmeln mit vielen weißen Wolken. Wie es sich für eine ordentliche, klassische Sommerfrische gehört, wo bunte Pelargonien von den Fenstersimsen hängen. Wo Jungen noch erfreut aufschauen, wenn Motorradfahrer am Dorfausgang erst bei 7000/min hochschalten, so daß der Einzylinder aufbrüllt, und das Motorrad eine Staubschleppe hinter sich herzieht.

Der Grund für soviel Aufsehen: Zum einen fahren nicht täglich Duke durch diese Provinz. Zum anderen rollen im Frühjahr noch wenig Zweiräder durch Kärnten. Zumindest nicht jene richtig schönen, kurvigen und waldgesäumten Nebenstraßen entlang, die auf allen Wanderkarten im Maßstab 1:50 000 in Weiß oder Gelb eingezeichnet sind.

Dort findet man auch die Strecke hinein in den Sonnenuntergang über dem Millstätter See, Zielort Ambroshütte. Es hätte auch irgendeine

Die Dampflok der antiken Murtalbahn qualmt nur in Ferienzeiten.

andere Jausenstation oder Buschenschenke sein können. Derart wunderbare, höchst kärntnerische Plätze mit Holz vor der Tür, Tischen auf der Wiese und einem Parkplatz im

139

Zechner-Bergalm-Sepziali-
täten: saftiger Speck und
würzige Würste aus adretter
Hand.

Gastgarten gibt es reichlich –
dazu Seeblick, Bergblick oder
Talblick.

Aber wie an vielen Pisten
Österreichs beginnt die Fahrt
auch hier mit einer Maut-
stelle – bei Sappl. 4,30 Mark
kostet ein »Motorrad-Berech-
tigungsschein« für die büro-
kratisch »Almaufschlie-
ßungsweg« genannte Piste
nach oben. Dafür erhält man:
einen geteerten Forstweg mit
Tannennadeln an der Bö-
schung, herrlich unausgebau-
te Kurven, ab und an ein Mart-

erl, Bänke zum Ausruhen und
Blicke hinab zum See. An der
Hütte gibt es die landestypi-
sche Jausenplatte und andere
Schmankerl, für Kinder Spiel-
geräte, für Gesundheitsbe-
wußte einen Kneipp-Pfad
durch eiskalte Fußbadetröge.

Duke-Fahrer genießen lie-
ber die Frische des Morgens
und biegen hinter dem Ort

Achtung Baby-Wechsel! Bei
Gmünd bieten mehrer Hotels
einen speziellen Service für
Familien mit Kleinkindern.

Ebene Reichenau auf die mautpflichtige Nockalmstraße gen Innerkreis ab. Hier warten auf das Funbike freudvolle 34 Kilometer Alpenstrecke mit zehn Prozent Steigung und 52 Kehren. Die handliche Duke, ein Kult-Motorrad auf Basis der legendären KTM-Crossmaschinen, meistert jede Kurve mit der Eleganz und Präzision einer Eisrennläuferin.

Auf 1930 Meter Höhe lädt die Zechneralm ein. »Almwirtschaftsmuseum« nennt sich die immer gästevolle Speck- und Schnaps-Station mit vielen Parkplätzen. Danach geht es bergab. Hinter Innerkrems durchs Feld- und Bundschuhbachtal nach Gruben und weiter in Richtung Predlitz. Diese 25 Kilometer sind schier endloses Schwingen auf gepflegten Bahnen, meist ohne Gegenverkehr.

Nach Süden führt die einst berüchtigte Bergstraße der Turracher Höhe, auf der früher Rennen gefahren wurden. Heute ist sie entschärft,

fällt jedoch hinter der Paß-höhe (auf 1783 Metern) immerhin noch mit einer maximalen Steigung von 23 Prozent ins Gurktal hinunter. Für

Fleckvieh mit Sonnenschutz: In Kärntens flachen Tälern kann es recht heiß werden.

Duke-Bremsen kein Problem und für den Fahrer viel Freude, da erst unlängst neuer Belag auf die Piste kam.

Zwei weitere Pflicht-Ziele stehen noch an vor der Heimfahrt nach Norden durch den selbstverständlich mautpflichtigen Katschbergtunnel: der Versuch, die im Düstern

141

schweifende Sagendame namens Salamanca in Österreichs schönstem Renaissance-Schloß Porcia in Spittal zu überraschen. Und, Name verpflichtet, der Besuch im Porsche-Museum in der mit mittelalterlichen Mauern bewehrten Stadt Gmünd. Nicht nur, daß eine Büste des genialen Ferdinand Porsche den Stadtpark aufwertet, auch sein Geist scheint noch in den Straßen zu wabern.

Im Jahr 1944 hatte Porsche aus Sorge um Bombenan-

Auch kleinere Offroad-Ausritte sind mit der wendigen KTM problemlos zu bewältigen.

Ein türkischer Krieger säumt
den Straßenrand.

KTM LC4 640 Duke
– Herzogin von Österreich

Geringes Gewicht, eine überragende Handlichkeit und der bärenstarke LC4-Motor machen die Duke zu einem Funbike besonderer Güte. Die für den Straßenbetrieb umgerüstete Variante der legendären KTM Motocross-Modelle wiegt 165 Kilogramm, der 625 Kubikzentimeter große Einzylinder-Motor leistet 50 PS. Damit beschleunigt die KTM in 5,5 Sekunden von Null auf 100 km/h, die Höchstgeschwindigkeit liegt bei 160 km/h. Die für 1999 optische überarbeitete Duke kostet stolze 16 280 Mark.

griffe seinen Maschinenpark von Zuffenhausen in einige Baracken der Willi Meineke-Holzgroßindustrie verlegt. Nach dem Krieg entstand dort der erste 356. Neben der Porsche-Büste erinnern noch das Pförtner-Haus der Porsche-Konstruktionen GmbH und das liebenswert provinzielle Porsche-Museum des Helmut Pfeifhofer an vergangene Zeiten – heute und seit vielen, vielen Jahren schon.

Nichts hat sich geändert in Kärnten seit meinem letzten Besuch. Der fand 1953 statt und war schlicht, aber überzeugend als »Hummel-Sommerfrische in Döbriach am schönen Millstätter See« angepriesen.

Yörn Pugmeister   143

Gastlichkeit auf der Ambros-Hütte: Platz für Menschen und österreichische Motorräder.

Gemma schau'n:
Tips für den Kärnten-Trip

Das milde **Klima** in Kärnten profitiert ähnlich wie das Tessin vom nördlichen Randgebirge als Schlechtwetter-Schutz und von der niedrigen Lage des Seen-Beckens.

Die **Anreise** mit dem Auto erfolgt über die Autobahn A 8 München–Salzburg, von dort auf die Tauern-Autobahn A 10 bis Spittal und zum Mill-stätter See. Die Personenwagen-Mautgebühren für eine Woche betragen insgesamt 30 Mark inklusive Tauern- und Katschbergtunnel.

Eine Kärntner Spezialität sind Motorradfahrer-**Hotels**. Dort gibt es Einstellmöglichkeiten für die Maschinen und Trockenräume für durchnäßte Kombis wie auch Ratschläge für Touren und zur Reparatur-Hilfe. Als Feriengäste willkommen sind auch Familien, die auf einsamen Bauernhöfen oder in großzügigen Seehotels Quartier finden. Infos unter Tel. 0043/4732/2222 (Lieser- und Maltatal) und 0043/4766/37000 (Millstätter See).

Kasnudeln sind in Kärnten das **Nationalgericht**. Sie haben mit Käse jedoch nur wenig zu tun, handelt es sich doch um Teigtaschen, die auch mit Topfen (Quark), Kräutern, Kartoffeln oder Ei gefüllt werden. Österreichische, friaulische und slowenische Einflüsse bereichern das Angebot mit Kalbskutteln, Kraut, Speck, Hauswürsten und Geflügel.

Das alte Kulturland Kärnten ist reich an **Sehenswürdigkeiten** von den Römern bis zum Barock: die Relikte einer keltisch-römischen Siedlung auf dem Magdalensberg, das römische Kutschen-Relief an

der Wallfahrtskirche Maria Saal, der romanische Gurker Dom, die Burg Hochosterwitz mit ihren 14 Toren oder Klagenfurts Alter Platz mit schönen Barockfassaden.

Gute **Reiseführer** durch Kärnten sind der HB-Bildatlas Nr. 170 (16,80 Mark) und die Bändchen von Marco Polo (9,80 Mark) oder Polyglott (12,80 Mark). Sehr detailliert und informativ: die Freizeitkarte Kärnten von Marco Polo (9,80 Mark).

145

Traktorfahren in der Steiermark, unterwegs mit Oldtimer-Schleppern

Die wohl geruhsamste Art, eine bäuerliche Gegend und deren freundliche Bewohner zu erkunden, bietet der Oldtimer-Traktor. Die Gemeinde Stainz in der Steiermark ermöglicht dies durch Miet-Schlepper – und alte Kindheits-Träume werden wahr.

Zwischen zwei und 20 Traktoren können an der gemeinsamen
Ausfahrt über kleine Nebenstraßen teilnehmen.

Fotos: Beate Jeske

STEIERMARK

Ein alter Traktor ist das totale Cabrio. Sogar der Boden fehlt. Der Fahrer betrachtet über seine Knie und Schuhspitzen hinweg den unter ihm hindurchziehenden Asphalt und entdeckt bisweilen eine tote Maus oder eine Ein-Schilling-Münze.

Ein alter Traktor ist das totale Cabrio. Nicht nur das Dach, sondern auch der Fahrzeugboden fehlt.

Weiter vorne am Trecker drehen sich wie bei Michael Schumachers Ferrari die freistehenden Räder. Sie sind an dem alten Steyr 15 von 1954

Der erfrischend-trockene Silcher-Wein ist eine Spezialität des Landes und gedeiht auf meist kleinen Rebflächen.

etwas schmaler und wirken mit ihrem negativen Sturz ernüchternd harmlos. Trotzdem ist es eine Freude, von oben herab zu beobachten, wie die Räder auf jede Lenkrad-Bewegung reagieren und den Steyr-Traktor brav in die vorgegebene Richtung rollen lassen.

Obwohl die Reisegeschwindigkeit eines alten Schleppers mit 15 bis 25 km/h auf dem Niveau einer gemütlichen

149

Vor allem Kinder lieben das
gemütlich Tuckern durch
Weinberge und Apfel-Anbau-
gebiete.

Fahrrad-Tour liegt, kommt
keine Langeweile auf. Einmal

liegt das an der abwechs-
lungsreichen Route, die auf
kleinen Nebenstraßen durch
Wälder, Weinberge und Obst-
gärten der West-Steiermark
führt, zum anderen an der
archaischen Technik, die
einen eigentümlichen Fahrstil
verlangt.

Die Gasannahme des 15 PS-
Motors wirkt so spontan wie
das Lachen der englischen
Königin. Der rechte Fuß tritt
auf das dürre Pedal, der Motor
meldet sich beflissen mit
einem lauten »Pattpattpatt-
patt«, das gußeiserne Chassis

In Rassach gibt es die schönsten steiermärkischen Häuser.

vibriert, und jaulend legt die Fuhre einen Zahn zu. Vier Gänge stehen zur Verfügung, stahlhart und knochentrocken zu schalten.

Daß Österreich-Touristen zu derart tiefgründigen Technik-Einblicken gelangen, ist vor allem Paul Josef Wiener zu verdanken. Der kräftig gebaute Steiermärker in den besten Jahren mit grauem Vollbart und ebenso grauer, wilder Igelfrisur gibt vor dem neu eingerichteten Traktormuseum Stainz eine kurze Einweisung in das Treckerfahren. Er ist Instruktor, Museumschef sowie Reiseleiter in Personalunion und erzählt noch vor der Abfahrt, wie es zu der Idee kam, perfekt restaurierte Oldtimer-Traktoren an Urlaubsgäste auszuleihen.

Zunächst gab es einige Freunde, die alte Schrott-Traktoren kauften und sie wieder in Originalzustand brachten. Wiener fand daran Gefallen, die Sache entwickelte sich, und es entstand ein Verein sowie ein Museum mit über 30 Schleppern der Baujahre 1947 bis 1954. Josef Grinschgl, Besitzer des gemütlich eingerichteten Italo-Restaurants Casa Rossa in Stainz, machte schließlich den

Die Schmalspur-Lokomotive des Stainzer Flascherlzug auf Rangierfahrt.

Vorschlag, die Traktoren zu vermieten.

Deshalb stehen fünf frisch geputzte stählerne Ackergäule

151

Die Kirche von Kitzeck, das mit 564 Metern Höhe höchstgelege Weindorf Europas.

auf dem Schotterplatz vor dem Museum und tackern oder nageln – je nach Zylinderzahl – geduldig vor sich hin. Neben drei Einzylinder-Modellen sind noch zwei beinahe doppelt so große Drei- und Vierzylinder-Trecker mit von der Partie, darunter ein 50 PS starker MAN mit chromglänzendem Kühler und 5,9 Liter Hubraum.

Beim Anblick der säuberlich restaurierten Fahrzeuge stellt man unweigerlich die Frage, ob die mit ASR und vollsynchronisierten Getrieben verwöhnten Gelegenheits-Bauern nicht die alte Technik zu Tode schinden. »Als ganz normale Arbeitstiere sind die Traktoren bereits so stark strapaziert worden, daß sie die Spazierfahrten ohne Pflug oder Anhänger mit Leichtigkeit überstehen«, zerstreut Reiseleiter Wiener die Bedenken.

Schon nach wenigen Meter Fahrt gibt der kleine Einzylinder-Traktor sein Antriebsgeheimnis preis. Dessen Kernstück bildet das Schwungrad, eine Art archaischer Kernfusions-Reaktor. Die bis zu 150 Kilogramm schwere, stets schneller als der Motor rotierende Eisenscheibe sorgt dafür, daß der Steyr 15 von 1954 mit seinem 1,6 Liter großen Einzylinder-Dieselmotor nicht im Rhythmus der Zündungen wie ein Grasfrosch über die Schilcher Weinstraße hüpft, sondern seinen Fahrer mit einer kontinuierlichen Leistungsentfaltung verwöhnt. Allerdings will unter diesen Bedingungen das Schalten gelernt sein:

Bauern-Ferrari: Wer im Sommer Traktor fährt, bekommt auch braune Sportler-Beine.

153

Das dicke Holzlenkrad macht
klar, daß man bei diesem
Steyr-Traktor kräftig zupacken
muß.

Beim Einkuppeln sorgt zu-
nächst die diskret heulende
Schwungscheibe und dann
erst der pochende Motor für
erneuten Vortrieb.

Die Reise führt anfangs
durch ein Waldstück, durch
kurviges Hügelland mit kleinen Ortschaften und einsamen
Weingütern. Es macht Spaß,
einfach dem vorausfahrenden
Traktor zu folgen und sich nur
um die nahen und fernen
Dinge entlang der Strecke zu
kümmern. Gärten, Bauern-
höfe, Bildstöcke, kläffende
Hunde, das Milchauto und

Kinder auf dem Fahrrad –
alles kommt und geht in
einem Tempo, bei dem man
den Menschen in die Augen
blicken kann und ihnen

154

unwillkürlich ein freundliches »Grüß Gott« zunickt.

Für größere Touren in die Steiermark ist der Traktor natürlich wenig geeignet.

Dem ein- oder zweitägigen Schlepperfahren rund um Stainz folgen daher am besten Ausflüge in die weitere Umgebung mit dem eigenen

Der Turm der Barockkirche von Ehrenhausen erhält ein neues Kupferdach.

155

Auto, etwa nach Deutsch-landsberg mit der Burg Landsberg, in die sympa-thisch verschlafene Barock-stadt Ehrenhausen oder in den Weinort Kitzeck, der inmitten steiler Weingärten über dem Sulmtal liegt.

Hier in der Grenzregion zu Slowenien ist der Tourismus noch eine zarte Pflanze. Der Reisende genießt daher sogar im Hochsommer das Fehlen der großen Busparkplätze, der Souvenirläden und übervöl-kerter Aussichtspunkte und Freibäder. Daß er dennoch kein Fremder bleibt, liegt an der Gastfreundschaft der Stei-ermärker, die stets von einem gesunden Maß an Neugier getragen wird.

Auch bei den Schilcher Weintagen in Stainz, wenn Gasthäuser, Winzer und Ver-eine auf dem Hauptplatz ihre

In der bei Trahütten einsam im Wald gelegenen Fachwerk-Villa komponierte Alban Berg die Oper »Wozzeck«.

Buden, Zelte und Tische aufbauen, sind Feriengäste willkommen und trinken ihren Schilcherwein in vertrauter Runde mit den Einheimischen. Ganz besonders, wenn man Traktor-Reiseleiter Wiener und seine Freunde trifft, Josef Grinschgl und Anton Nettwall, den Besitzer des mächtigen MAN-Traktors.

Nach einigen Gläsern Schilcherwein offenbart sich Wiener als Traktomane, der 18 alte Schlepper besitzt. »Von denen weiß meine Frau, doch in Wirklichkeit sind es beinahe doppelt so viele«, korrigiert er die Zahl nach oben.

Die Traktor-Freunde berichten auch von der einmal im Jahr stattfindenden gemeinsamen Ausfahrt durch Österreich und von ihrem größten Abenteuer: Australien. Anton Nettwall, ehemaliger Pilot und Verkaufsleiter für Wäschereimaschinen, ist Projektleiter. »Der Australien-Trip ist für 2002 oder 2003 geplant. Bis Udine fahren wir auf eigener Achse, dann geht

Das Klappern des Klapotetz soll Vögel verjagen und Wein-Touristen anlocken.

es im Container nach Übersee«, sagt Nettwall.

Gegen Heimweh, so auch in Australien, hilft das Stainzer Schilcherlied: »Du Rebensaft vom Traubenband, das Stainz so sanft umschließt, du Schilcherwein vom Stainzerland sei mir gegrüßt – gegrüßt!«

Franz-Peter Hudek   157

Traktorfahren im Schilcherland: Reisetips

Der **Miettraktor** kostet pro Tag inklusive Kraftstoff, Versicherung und Begleitperson 150 Mark. Es sind Fahrten von zwei bis 20 Traktoren möglich. Eine Wochenend-Pauschale mit zweitägigem Traktorfahren und zwei Übernachtungen kostet pro Person 450 Mark (Telefon siehe nebenstehend).

Zu den besonders empfehlenswerten **Hotels** zählt mitten in Stainz der Stainzerhof mit gemütlichen, von traditionell bis modern eingerichteten Restauranträumen und einem romantischen Gastgarten (Doppelzimmer ab 150 Mark). Viele Weingüter bieten neben einem Buschenschank auch günstige Übernachtungen (Doppelzimmer ab 100 Mark). Die Fachwerk-Villa Alban Berg in Trahütten, wo der Komponist

die Oper »Wozzeck« schrieb, bietet Gastzimmer für Musik-Fans. Info-Telefon: 0043/3463/4518, Fax -4445.

Der spritzig-trockene Schilcherwein ist fester Bestandteil beim **Essen** und **Trinken** in der West-Steiermark, das von der traditionellen österreichischen Küche bestimmt ist. Eine Spezialität sind Salate mit Kürbiskern-Öl. Viele Buschenschenken, oft einsam gelegene Weingüter mit Gastronomie-Betrieb, bieten zum Schilcherwein ein deftiges Landvesper. Zu empfehlen: Familie Lazarus, Langegg 20, St. Stefan ob Stainz. Italienische Küche in einem hübschen Lauben-Gastgarten bietet das Casa Rossa in Stainz.

Zu den typischen **Landesprodukten** zählen auch frische Gaumenfreuden wie das GrammelSchmalz, der Ribes-Fruchtessig oder Höllerhansl-

Edelbrand, die auf den Gütern des Vereins für Schilcherland-Spezialitäten verkostet und gekauft werden können. Beeindruckend ist die Kollektion der Trachten-Schneiderei Streit in Stainz, vor allem deren moderne Stile und Schnitte.

Spezielle **Reiseliteratur** über die Steiermark gibt es wenig. Die Marco Polo- und Polyglott-Führer (je 12,80 Mark)

bieten solide Basis-Infos. Die Generalkarte Österreich Nr. 5 glänzt mit vielen touristischen Angaben (Marco Polo, 8,80 Mark). Vielfältige Farb-Broschüren gibt es beim Tourismusverband Schilcherland (Telefon siehe links).